YAN SHUO JIU SHI LING DAO LI

演说就是领导力

管理者脱稿讲话的要诀

张 斌◎著

SPM
南方出版传媒
广东经济出版社
—广州—

图书在版编目（CIP）数据

演说就是领导力：管理者脱稿讲话的要诀/张斌著．—广州：广东经济出版社，2017.9
ISBN 978-7-5454-5671-4

Ⅰ.①演… Ⅱ.①张… Ⅲ.①演讲-语言艺术Ⅳ.①H019

中国版本图书馆CIP数据核字（2017）第178524号

出 版 人：姚丹林
责任编辑：蒋先润
责任技编：许伟斌
装帧设计：回归线

出版发行	广东经济出版社（广州市环市东路水荫路11号11～12楼）
经销	全国新华书店
印刷	惠州报业传媒印务有限公司 （惠城区江北三新村惠州报业传媒大厦1610室）
开本	730毫米×1020毫米 1/16
印张	13.5
字数	199 000字
版次	2017年9月第1版
印次	2017年9月第1次
印数	1～5 000
书号	ISBN 978-7-5454-5671-4
定价	42.00元

如发现印装质量问题，影响阅读，请与承印厂联系调换。
发行部地址：广州市环市东路水荫路11号11楼
电话：（020）38306055　37601950　邮政编码：510075
邮购地址：广州市环市东路水荫路11号11楼
电话：（020）37601980　营销网址：**http://www.gebook.com**
广东经济出版社新浪官方微博：**http://e.weibo.com/gebook**
广东经济出版社常年法律顾问：何剑桥律师

PREFACE 前言

管理者的演说能力如何，不仅决定着其领导力的强弱，还决定着企业未来发展的能力。

不敢在公共场合讲话，一上台发言就紧张，脸红心跳，让自己形象顿失；明明在私底下已经准备非常充分，但一上台就语无伦次，别人自然不会信服；演说平平，没有激情，缺乏感染力，人们怎么会乐意坚持听下去；思路混乱，吐字不清，主体不明，只会让听众听得如坠云雾；轮到自己发言，总是想尽办法逃避，你的领导魅力也会减弱几分。

一说起马云，很多人都会心驰神往，甚至还有人将他当作榜样顶礼膜拜。其实，在马云的魅力人格构成中，他的演说能力占据了半边天。不管是穿着衬衣的马云，还是穿着休闲装的马云；不管是穿着中山装的马云，还是造型雷人的马云……。只要他一出现在演说台上，听众的心就会为之雀跃。

2017年5月25日至28日，贵阳举办了中国国际大数据产业博览会，马云又一次登上了讲台，发表了自己的演说。他挥洒自如，妙语连珠，用生动活泼的语言讲述了自己对大数据及未来的认识，征服了众多听众，现场掌声不断。

马云非常擅长演说，他的演说似乎有一种“蛊惑人心”的作用，不得不令人们信服。也正是因为演说能力的卓越，才让马云说服了众人，抓住了机会，成就了淘宝和阿里巴巴。

这是一个展现魅力的时代，卓越的演说能力是一个人驰骋人生的重要法宝，更是领导力的最佳展现。不具备演说力，自然也就领导力打折，号召力损失，影响力变弱。这样的企业领导及总裁，对内不能凝聚员工的心，对外无法展现自己的魅力和影响力，仅仅占据着管理者的位置，还能有什么用呢？

商场如战场，要想让自己的想法得到下属的认同，要想在激烈的市场竞争中争得一席之位，要想提高自身的威信和影响力，就必须提高自己的演说能力。

主持会议，不要当可有可无的附庸，要将自己想要表达的观点全部都说出来；

鼓励员工，要多说一些鼓舞人心的话，不将企业目标告诉下属，他们怎么会死心塌地跟着你一起干；

商务谈判，不要只听对方说，要将自己的意见说出来，才能争取更多的机会；

接受采访，不要躲在后面，要敢于展示自己，因为这也是提高企业影响力的一个好机会；

……

虽然演说能力不能天生具备，但我们依然可以通过后天的努力学习来逐渐提高。只有对自己有信心，只有掌握了演说的要诀，才能使你拥有卓越的演说能力，从而更好地在商界立足。

演说就是领导力！作为管理者，你一定要把握机会，努力提升自己的演说力，努力提升自己的领导力！

CONTENTS / 目 / 录 /

第二章

第三章

第一章

总裁演说
——成就伟业的资本

第一节
演说力＝总裁影响力

总裁都是天生的演说家

演说，是对生命存在的庆典，真正的演说就是让你成为一根通畅的管道，自然而然地让自己的意识流淌出来。如此，一切存在、意识、喜悦、悲伤、愤怒……通过演说，都会畅通无比！

演说，并不是想要炫耀自己的口才，而是一种思想、情感、精神的传递。法国的大文豪雨果曾经说过："语言就是力量！"演说是一种语言，也是一种力量，它可以激发人们的热情，鼓舞人们的士气，引导人们积极向上。

成功的企业家也许就是天生的演说家！从国内到国外，许多成功的企业家都会用演说来鼓舞人心、疯狂呐喊。

1999年2月21日，马云在杭州的家里与骨干员工开会时说过这样一句话："将来阿里巴巴上市了，你们不仅只会拥有这儿的一套房子，而会拥有50套这样的房子。"

要想促使一个人积极行动，就要告诉他，这样做有什么好处；这样做，能够实现什么目标？为了鼓励员工一起努力，马云直言不讳地对他们说出了未来的构想"会拥有50套这样的房子"。如此肯定的话语，就将信心与希望传递给大家。

华为的创始人任正非，在创业之初开干部会议时曾说："未来10年后，企业发展壮大了，我们做些什么？如果要建房子，卧室可以小一点，客厅可以小一点，卫生间也可以小一点，但是阳台一定要大一些。等到那时，休息时就到阳台上晒晒钱。”

“到阳台上晒晒钱”这是何等的气魄！其实，这也是在向人们传递希望。有了这样的愿景和目标，人们的行动力自然就会更强一些，就会更有士气。

卓越的领导人任何时候都在传播愿景，传递希望！“哪里有声音，哪里就有力量；哪里有口才，哪里就有了战斗的号角，就有了胜利的曙光！”很多令人佩服的企业总裁，不仅是优秀的企业家，同时也是卓越的演说家，他们用自己的出口成章为很多人指明了方向，确立了目标，激发了他们的行动力。

我们都知道，俞敏洪是新东方的创始人。其实，俞敏洪同样也是一个优秀的演说者。下面是一段俞敏洪在北京大学2008年开学典礼上的演说词：

各位同学、各位领导：

大家上午好！

非常高兴许校长给我这么崇高的荣誉，让我谈一谈我在北大的体会……

北大是我们生活的开始，而不是结束。在北大的日子里，很多事情都特别让人感动。比如：我有幸见过朱光潜教授。在最后的日子里，我们班的同学每天都会轮流推着轮椅在北大校园里陪他一起散步。每当为他推着轮椅时，在我心中就会升起一种无限的崇拜和神圣感。

来北大报到，当我走进宿舍时，宿舍已经有个同学了。当时，那个同学正躺在床上看书——《第三帝国的兴亡》。我问他：“在北大还要读这种书？”他把目光从书上挪开，看了我一眼，没理我，继续读书。这时我才知道，进了北大，不仅要学专业，还要读大量的书，这样你才有资格把自己叫作北大的学生。

……

在北大的最后一年，我心情一直都不太好，结果考试不及格。我找到教英国文学史的罗经国教授，说：“如果这门课我不及格就毕不了业。”罗教授说：“我可以给你一个及格的分数，但是请你记住了，未来你一定要做出值得我给你分数的事业。”北大老师的宽容、学识、奔放、自由，让我们能够真正成为北大学生，真正参透北大精神。

听说许智宏校长给学生唱《隐形的翅膀》，我特意观看了视频，感动得热泪盈眶。因为我觉得，北大校长就应该是这样的！

俞敏洪通过自己的演说，将自己对北大精神的理解传达给了北大在读学生。如果他不善于表达，自然也就无法将自己对北大的热爱传递出来；假如他不敢当众演说，怎么能让众多北大学生深受鼓舞……

演说能力的重要性不言而喻，东西方圣人贤哲都对其进行过描述。在几千年前的埃及古墓上，同样镌刻着“便捷的口才将使得你雄辩滔滔，占尽上风”。我国的相关描述就更多了，如：“一人之辩重于九鼎之宝，三寸之舌强于百万雄兵”“片语可以兴邦，一言可以辱国”……

对于领导者来说，演说是其成就事业的重要能力。面对众人，无论是客户，还是合作者，抑或员工，假如讲不好或讲不出来，不仅无法正确地表达自己心里想要说的话，还会给对方留下不好的印象，继而影响到工作的顺利开展及事业的发展。

总裁演说是领导力的来源

“人类以群居的方式生活，不管群体的大小，要想建立正常的秩序，就必须保持思想与行动的统一，必须要有一个权威的声音进行统摄，明确规范、维护秩序、发号施令、鼓动宣传，这种能力，就是我们常说的领导力，而这个权威的声音就是我们这里要说的演说！从这种意义上来讲，演说能力就是领导力，现在如此，将来亦是如此！”

企业领导者，不仅要建立正常的工作秩序，还要为团队成员指明发展方向、描述美好未来，并积极调动起成员的情绪，时刻为团队成员加油鼓劲。对于领导者来说，只有善于演说，在团队中保持话语权，才能成为团队的核心，成为团队的精神领袖。在这个过程中，领导力也就自然而生了！

因此，我们可以肯定地说，领导者领导力的高低与其演说能力成正比，演说水平高，领导水平自然也会慢慢提高。不论在西方国家，还是在东方国家，不论在商贸谈判、公共关系中，还是在产品销售、技术引进中，演说都发挥着非常重要的作用。

演说是一种很神奇的力量，从小的方面看，可以影响到领导者对下属的影响力；从大的角度来说，则可能影响一个企业的命运。只有善于演说，才能将自己的想法和观点告诉周围的人，才能号召大家一起来努力。从这个意义上来说，演说也是领导力的一种来源！

甘地是印度独立领导人、国大党领袖，为了有效解决种族制度、印度教和伊斯兰教之间的纷争，他频频来往于印度各地，每到一处，都要进行演说。

1947年6月印度半岛建立了两个独立的主权国，经过长期斗争，印度人民最终获得了自由和独立。在成立印度联邦制宪会上，甘地也被称为“过去30年来的向导和哲学家，印度自由的灯塔”。

演说，不仅可以影响一个国家的命运，不仅可以吸引人才，还可以获得财富，提升领导力。留心观察不难发现，那些能够在公众面前侃侃而谈、自信从容、滔滔不绝、妙语生花的领导者，像是柳传志、马云等，都是精通演说之道的人。不论接受媒体采访，还是召开企业会议，他们都会表现出优秀的演说能力，时刻彰显着自己独具特色的领导力！

为了提高说服力，俞敏洪曾在自己的一次演说中讲过这样一个小故事：

有个朋友创业不久，遇到很多无法想象的困难和压力。但这个朋友一点都不怕吃苦，为了让企业快点运作起来，他每天都加班到很晚，几乎每天都只能睡五六个小时。按理说，老板身先士卒，下属也应该以老板为榜样，自觉地、积极地、主动地工作，然而事实却并不是这样！

比如：只有他直接让某人留下来加班，某人才会加班，否则大家都是到点就走。于是这个朋友就感到非常郁闷，他一直想不明白，为什么自己如此努力，员工却一点都不积极？

为了搞清楚这个问题，他观察、思考了很久，最后终于发现，之所以会出现这种情形，就是因为一直以来他都在悲壮地做事，并没有将自己努力的原因告诉员工。员工对他的行为缺乏理解与认同，甚至错误地认为老总加班加点只是个人的一种工作习惯。

俞敏洪从这个故事中受到启发：没有语言引导配合的行为示范，作用是无法发挥出来的。演说能力就是领导力！之后，他的思想发生了转变，积极主动地去锻炼自己的演说能力，最终靠演说创造了新东方的奇迹。

不论是阿里巴巴的马云，还是百度的李彦宏，或是几年前刚刚辞世的苹果的乔布斯……这些杰出的企业家之所以能够把企业做大并具备这么高的知名度，其领导力自然不用多赘述，另外，他们有一个相同的特点，就是都具备卓越的演说能力。比如：乔布斯就是依靠卓越的演说能力创造了苹果的辉煌业绩。

这是一个随时随地都充满竞争的时代！商场就像战场，口才是称霸商战的助攻神器！英国前首相丘吉尔曾说：“一个人可以面对多少人，就代表这个人的人生成就有多大！”不论是政界领袖毛泽东、列宁、克林顿，抑或是商界领袖马云、柳传志、张瑞敏、牛根生……大多数独具影响力的企业领导者都是超级演说大师！所以，不管您是现实中的企业领导，抑或是未来的领导，想要成就非凡的领导力，就一定要具备出众的演说力！

总裁演说是吸引人才、打造团队的关键

得人心者得天下，这个道理亘古不变！那么，如何才能得人心？如何才能将团队成员团结在自己周围？那就是提高演说能力。任何时候，精神上的征服都要远高于肉体上的征服，演说力是吸引人才、打造团队的关键！

人类历史从来都不是由一个英雄创造的，而是由成千上万的劳动人民共同创造的。人类社会如此，企业亦然！作为企业领导者，即使你的能力再强、商业头脑再好，一枝独秀，也无法呈现出壮美的景色；一块木板，即使你做出了再多的努力，也无法成为小舟。只有将众多志同道合之人聚集在一起，将各人的优点都集合到一起，才能开创出属于自己的商业帝国。

演说，一共含有三重境界：掌声、成交收钱、收人心。美国大选，竞选者靠什么当上美国总统？收买人心！企业领导者的成功靠什么？员工、团队。而所有的一切都可以通过演说来实现！

2013年1月21日，时任美国总统奥巴马在国会做了第二任期就职公开演说。演说中，奥巴马重申了美国的立国精神，他是这样表述的：

我们每次集会庆祝总统就职，都是在见证美国宪法的持久力量，都是在肯定美国民主的承诺。我们重申，将国家紧密联系在一起的不是肤色，不是信仰的教条，更不是名字的来源。让我们与众不同、让我们成为美国人的，是我们对于一种理念的恪守！

200多年前，这一理念在一篇宣言中被清晰阐述：“我们认为下述真理是

不言而喻的，人人生而平等。造物主赋予他们若干不可剥夺的权利，包括生存、自由和追求幸福的权利。”

今天，我们继续着这一未竟的征程，架起这些理念与时代现实之间的桥梁。历史告诉我们，即便这些真理是不言而喻的，它们也不会自动生效。虽然自由是上帝赋予的礼物，但依然需要世间的子民去捍卫。

1776年，美国爱国先驱并不是为了推翻国王的暴政而战，也不是为了赢得少数人的特权，建立暴民统治。先驱留给我们一个共和国，一个民有、民治、民享的政府，委托每一代美国人捍卫我们的建国信条。

……

我们仍然认为，每个公民都应当获得基本的安全和尊严。我们必须做出艰难抉择，降低医疗成本，缩减赤字规模。但我们拒绝在照顾建设国家的这一代和投资即将建设国家的下一代间做出选择。

我们记得过去的教训：老年人的夕阳时光在贫困中度过，家有残障儿童的父母无处求助。我们相信，在这个国家，自由不只是幸运儿的专属，幸福不只属于少数人。不管我们怎样负责任地生活，任何人在任何时候都可能面临失业、突发疾病或住房被可怕的飓风摧毁……

我们通过医疗保险、联邦医疗补助计划、社会保障项目向每个人做出承诺，这些都不会让我们的创造力衰竭，而会让我们变得更加强大；这些不会让我们成为充满不劳而获者的国度，只会让我们敢于承担风险，让国家伟大……

在政界，几乎每个伟大的领袖都是成功的演说家，他们都是通过演说的方式表达自己的观点，吸引他人追随自己的。

单枪匹马是不可能成功的，成功是需要团队的！没有人可以用自己一个人的力量去赢得一场比赛，没有人可以仅凭一己之力去拍一部电影，没有人仅依靠自己就能赢得一场大选。同样，任何人也不可能凭借一己之力创建一个跨国集团。

任何远大目标和理想的实现，除了要考虑资金外，还需要建立一支优秀的团队。那么，怎样才可以吸引更多的优秀人才呢？首先就要依赖于你的演说能力！

作为公司领导者，只要具备了非常棒的公共演说能力，就可以将自身的闪光点真真切切地展示给听众，吸引更多的人才，交到更多的朋友，就可以使更多的人认识你、喜欢你、支持你、追随你。

看看这些耳熟能详的优秀企业家，马云、牛根生、张瑞敏……如果他们不会演说，其优秀的团队必然会荡然无存。口才的力量无限大，擅长公众演说是提高团队凝聚力的一大利器。只有学会公众演说，才能募集资金、招兵买马、组建团队，才可以对他人产生影响，才能巩固自己的领导地位。

总裁演说是团队执行力的保障

“俗语说得好：“三分战略，七分执行！”不管是任何思想，都需要用时间去证明。仅仅制定一个战略，而忽视执行，战略也就失去了战略的意义。而开展演说，也是提高团队执行力的重要一环。”

领导者的演说能力强，是提高团队执行力的重要保障。原因何在？如果想提高团队的执行力，为了让企业目标或项目得以及时实施，就需要对员工进行动员和鼓励，而这些都离不开演说。对于员工来说，整天蒙头苦干，肯定不如在领导者的激励下目标明确地干。

演说的开展对于团队执行力的提高不言而喻，列宁就是个非常善于利用演说能力与群众进行思想交流的人。苏联历史学家、政治活动家普·凯尔任采夫的《列宁传》中记载了这样一段内容：

1921年，列宁来到高尔基城的一个小乡村。他走进草房，耐心地跟农民谈话。开始时，他们像朋友一样谈了一些日常琐事；半小时后，他们聊完了粮食、巡逻队、跑单帮的投机商人等话题。之后，列宁站起来，用通俗的语言把新经济政策告诉了农民，农民用心听着。他们之所以会倾听，是因为他们看到眼前的这个人确实为他们开辟了一个新的未来、一种幸福的生活！

为了获得农民的支持，列宁发挥了自己卓越的口头表达能力。之后，农民奋起努力，积极支持他的新政。

不论什么时候、什么国家，都会制定出一系列政策，如果政策不错却因为各种偏差而功亏一篑，问题多半都出在执行力上。企业政策的执行也是同样的道理。如果某项工作无法开展下去，多半也是因为执行力出了问题。

团队执行力对项目的实施如此重要，那么如何才能提高团队执行力呢？一个重要的方法就是：鼓励团队成员不断努力，激起他们的工作劲头。一旦团队全部成员都积极主动工作了，工作效率自然也就提高了，执行力自然也会不断提高。

阿里巴巴公司在杭州刚成立时，仅有18个员工，其中还包括马云和他的妻子。为了便于工作，他们就将办公地点设在了马云家里。

虽然环境简陋，但马云依然意气风发。马云的目标十分明确，他清楚地知道自己要做什么。为了给大家打气，马云开了一场动员会。在这次动员会上，他告诉大家：企业要将互联网起源圣地——硅谷作为竞争对手："做（中国）黄页时我就提过，黄页所要瞄准的对象不是国内站而是国际站，我们的竞争对手不在中国，而在美国硅谷！"

企业定位决定着它的未来走向与发展格局，在互联网发展的大趋势中，阿里巴巴不仅要做国内的互联网巨头，还想在某一天走向世界，与世界顶级的互联网公司展开竞争。在这段演说中，马云向团队成员表达了这样一个理念："心有多大，舞台就有多大！"

面对这些一直跟随自己的兄弟，他说："早上8点准时上班，下午5点准时下班，并不是为了搞高科技，也绝不可能是阿里巴巴精神。以这种状态上下班，还不如立刻到其他公司高就。美国人硬件比较强，可是玩信和玩软方面，中国人也不比任何国家差，我们这帮人的脑袋绝不比任何国家的人差！这就是我们阿里巴巴敢跟美国人斗的原因。我们团队的每一个人都知道自己想做什么，能做什么，相信定然能够以一当十！"

关于企业管理，有这样一句名言："企业成功20%靠战略，20%靠运气，60%靠执行力！"正所谓是企业的成功"三分战略，七分执行！"马云深知这一点，于是便经常利用演说，激励伙伴们提高执行力；他明白，忽视了这一点，哪怕他个人再有能力，哪怕制定的政策再完美，也没有什么实际意义。

任何人的成功，都离不开执行力！就像罗伯森·沃尔顿所说："沃尔玛能取得今天的成就，执行力起了不可估量的作用。"在现实企业管理中，许多总裁经常会出现这些问题：一项工作几天前就已经传达布置下去了，结果几天后才能得到回应，甚至还要催好几遍；在实施某个制度时，员工不重视、不响应、不执行……所有的这些问题说到底都是执行力的问题。而执行力不高，则是管理的问题。对于企业或一个工作团队来说，没有执行力，竞争力也就无从谈起！

作为企业的领导者，不仅要明确企业的战略，更要将自己的战略想法告诉别人。在不知道的前提下，几乎任何人都无法很好地去执行。只有通过演说，给企业员工指明方向，大家才会沿着你的指导方向，正确地走下去！

史玉柱：剖析创业传奇路

2013年，史玉柱退休以后，在《享说》上首次分享了他的创业经验和体会（内容有删减）：

第一，创业初期要聚焦、聚焦、再聚焦。

一个人，一个时间点只能做一件事，一定要把每件事准备充分，创业起步才可能成功。我在创业之前的一年里，就开始准备“软”件，这一年没考虑什么创业、组织架构的问题。一年后，“软”件差不多了，也做了一些调查和试用。下一个阶段就是销售，招了四个人。我主要抓广告，但不懂怎么做广告，自己就起草了一篇2000字的广告文案，每个优点都不舍得落下，总结了15个优点。

但那时没钱，只能做小报的四分之一版的广告，文字只能精简。后来我们有钱了，可以做两个版面的广告。我们的产品叫M-6401桌面印刷系统巨人汉卡。那时，有些人已经知道我们的产品特点，我就决定聚焦，广告就两个字，一个版一个巨，一个版一个人。相当有冲击力，取得了成效。

产品成功后，公司规模起来了，我的主要精力就转移到抓分公司的建设上。之后，我们的产品出现了新的竞争对手，水平比我们高，我又回过头去聚焦研发，销售管理又不管了。我带着十几个团队，到大学封闭起来，研发了大半年产品，把巨人的规模从千万提到亿级。

第二，一个企业家或团队，最难认清的是自己。

巨人成功后，我高估了自己的能力，犯了错误。迈第一步时，犯的错误不太严重，还做了一点相对扎实的工作，比如：对“脑黄金”做调查、找研发、选择广告语等。投放到市场3个月时，月销售收入3000万元，我忘乎所以了。做第二个又成功了，所以我组织了三大战役，投了很多项目。现在来看，只是懂点管理学，懂点企业运营，只有失败。因为你没有那么多人力、财力、物力，各个方面都跟不上。所以，一个月，三大战役5000万元的广告费打水漂了。

从广告就能看出我们多轻浮。有一个印象比较深的，上面一排汉字是巨人大行动，下面是一排巨人手拉手往前走，有马克思、邓小平、毛泽东等。因为狂妄，忽视了产品是广告的本质，产品是什么？能给消费者带来哪些好处？这些信息不能有效地传达，广告就是个废物。

而且打广告时，产品还没生产出来；产品出来了，广告又被叫停，资金就紧张了。我们盖了巨人大厦，巨人便很快陷入了低谷。

第三，失败了，就当断则断。

1997年1月到9月，我整天到处飞。我们有二三十个项目，每个都想保，最后一个都没保住。所以，当你发现项目趋势不行了、队伍不行了，下个阶段没救，不管有多大损失，赶快把它砍了。

第四，创业初期，一把手要亲力亲为，别一上来就想坐在老板椅上去当管理者。

做脑白金，我回到第一次创业的状态，因为败得太惨了。当时媒体猛炒，我出门得戴墨镜，就是那个时候养成的习惯。我们知道，要成功，必须脚踏实地，而且要本人带着团队亲自去做。

当时，我分析保健品要成功，必须过这三关：

第一，产品关。从科学角度一定是站得住脚；

第二，体验关。感觉不到效果，口碑就形成不了；

第三，营销关。一是要搞好策划方案，二是不打折扣地实施。

我带着团队一关一关地过。报批方案我亲自审；产品我们每天吃；开始的七篇广告文案全是我一个人写。我带着团队跑了江苏很多农村，这里的人钱多，壮力出去打工，在家里留守的都是老头老太太，正好是我的目标消费群。我们一家一户地敲门，一篇一篇文章跟他们说，晚上大家把结果汇总起来，对文章再进行修改。

把营销方案完善好后，我就组织团队写了一本脑白金营销手册，傻瓜版的。拉个民工，他看了手册，都知道怎么去卖脑白金。手册写出来后，团队在大排档喝了一场庆功酒，庆祝我们要成功了，为什么？我们的工作做扎实了，虽然当时销售额一个县一个月才15万元，但我们已经能看到一年销售额过10亿元了。

当时我说，试销市场快不得，全国市场慢不得。我们用一年时间把全国打开了，脑白金的销售收入是13.5亿元。所以，一把手要深入一线，你聪明或笨并不一定是决定性因素，关键是抓住矛盾的最主要方面。开公司就怕老板的架子大。有的大公司为什么没有创新力？其中一个方面就是一把手没有在干活，特别是没有干最重要最关键点的活。

第五，如果你创业的内容是你的最爱，就成功了一半。因为你的投入度很高，而不是把它当作工作来应付。

脑白金成功后，我买了堆银行股，也没什么事，整天玩游戏，一下就迷进去了。后来，正好盛大有一个团队找投资，我就投了2000万元。

我玩盛大的游戏时，已经是一个地地道道的玩家。我知道他们喜欢什么，讨厌什么。《征途》刚研发出来时，我提的意见，团队还不接受，后来发现反映还不错，就对我提的要求比较给面子。有的问题太严重了，我有时候就半夜叫他们起来去改。

第六，要真正重视消费者。

《征途》的研发团队从传统思路跳出来，开始有很多创新，归结起来有上百项。而且因为站在玩家的角度，了解消费者，所以创新往往是切合实际的，而不是搞破坏。所以，研发团队要真正重视消费者，走到消费者中间去搞研发。把自己关起来，同消费者隔绝，创新往往不会成功。

第七，做投资，控制风险是第一位，不能赌。

从事投资类的企业，负债率很关键，低一点可能会慢一点，但是安全，太高就会出事。被抓起来的中国企业家，每个人罪名都不一样，但根本原因都是资金链绷得太紧。中国有5万多条法规，资金链条断了，撞一条就进去了。还有，杠杆还是要少用，杠杆太高就是赌博了。

第二节 成功演说应具备的5种素质

不相信自己的人，无法顺利演说

一千多年前，唐代诗人李白就告诉我们“天生我材必有用”。每个人都是一个特殊的存在，只要相信自己，就能实现自己的理想。我们可以一无所有，但是不能缺少自信。做人如此，演说亦是如此。

任何企业领导都不是天生的演说家，只要逐渐克服自卑心理，大胆地站出来，勇敢地张开自己的嘴，你才能发现：原来演说也不是那你想象的那样困难！

有些企业领导总是认为，自己没文化、没学历、没能力，甚至连最基本的普通话都说不好，是无法在很短的时间内提高演说能力的。错！在世界上，不管是认识的，还是不认识的，卓越的领导者都并不是天生就有好口才，更不是天生就是演说家，而是因为他们相信自己！

丘吉尔从小就树立了伟大的理想与政治抱负，可是他知道，如果想实现自己的理想，就必须学会演说。于是，他便开始了不间断的练习，几乎每天都要对着镜子练习几遍，每个手势、每个表情、每个动作都要经过反复琢磨。虽然丘吉尔不善于表达，但是他相信，自己的演说能力一定可以快速提高。结果，功夫不负有心人，他终于成了可以侃侃而谈的演说家。

1941年10月29日，丘吉尔出席了剑桥大学的毕业典礼。在典礼还有20分钟即将结束时，丘吉尔站起来给大家致辞。他从容地脱下大衣，摘下帽子，默默地注视着台下的青年学生，开始了习惯式的演说。

整个演说持续了20分，但他只重复了两句相同的话：“坚持到底，永不放弃！坚持到底，永不放弃！”他说：“成功没有什么秘诀，如果有的话那只有两条：第一条，绝不放弃，战斗到底，绝不退缩，勇敢面对；第二条，当你准备放弃时，请回过头来再参考第一个成功秘诀，那就是事无大小，绝不放弃。”

演说结束后，丘吉尔穿上大衣，戴上帽子，从容地离开会场。整个会场安静极了，之后瞬间爆棚，掌声雷动。大家都站立起来，含着眼泪，目送身影渐行渐远的首相丘吉尔。

第二天，英国所有报纸的头版头条标题都标出了这样一句话：坚持到底，永不放弃！这句话，成为当时英国的民族精神，并迅速成为世界反法西斯战线的精神旗帜！

很多领导者在最开始演说的时候，都出现过不尽如人意的地方，比如：站在讲台上小心翼翼，十分紧张，思维模糊，表达无力，不知道自己究竟想要说什么……其实，这都是提高演说能力的必经阶段，即使是著名演说家在最先开始演说时也遇到过类似的情景，表现也不尽如人意。

马克·吐温第一次演说时，觉得嘴里像塞满了棉花，脉搏跳动飞快，就像是在跟谁赛跑一样。

格兰特率领世界上最强悍的军队，攻占了维克斯堡并取得了胜利；但是，当他准备做公众演说时，觉得自己就像是一辆失控的汽车。

劳德·乔治第一次做公众演说时，感到非常痛苦，根本就不知道自己究竟要讲什么；甚至在刚开始时，舌头还紧紧地抵在上腭上，几乎一句话都说不出来。

伟大的爱尔兰领导者查尔斯·史戴沃特·帕耐尔，在开始自己的演说生涯时也十分紧张，为了缓解紧张，他握紧拳头，以致手指甲都陷进了肉里，手掌流出血来。

……

这些行为之所以会出现，都是因为演说者不够自信。演说经历少，对自己的演说心里没底，自然就会对自己少一些自信。事实证明，如果想要提高自己的演说能力，首先就要对自己充满自信，相信自己可以做到这一点，相信自己的能力。那么，怎样才可以树立自信呢?

1. 做好充分的准备。

为了提高自己的演说信心与勇气，面对听众时，领导者要让自己的状态看起来确实有信心、有勇气，如此大家才会相信你，下属才会更加信任你。当然，这里还有个前提，那就是必须提前做好准备。否则，即使你再怎么表现，都无法取得理想的效果。当然，演说准备不仅包括内容上的准备、态势语言的准备，还包括思想精神的准备、身体上的准备，以及事先了解现场环境和听众等。

2. 平时多练习。

自然随性的演说都是不断练习的结果，领导者要想提高演说的信心，就要大量排练。苹果公司创始人乔布斯曾经公开了自己的演说秘诀，就是长时间排练，持续许多天，5分钟的演说大概就需要准备几百个小时。

3. 上台先来个30秒深呼吸。

资料表明，深呼吸30秒，可以提神，可以带给你信心与勇气。假如对自己所要讲述的内容已经非常熟悉，就要大步走上台，做一次深呼吸。

4. 注视听众，大胆演说。

如果想让自己看起来很自信，走上台后，就要站直身体，注视听众的眼睛，之后信心满满地开始演说。实在不行，可以想象，下面的听众都欠你钱，他们听你演说只是为了请求你宽限还债的时间。这种主场心理作用，可以有效地帮助你稳定情绪。

只有品德高尚的总裁，才能征服听众

每个人都是一座宝藏，在品德之外，外貌、地位、年龄、职业等都必须统统让位。对于企业领导者来说，你可以丑得史无前例，也可以涉猎别人不理解的行业。可是，不管怎样，要想征服听众，就必须具备高尚的品德。

品德高尚的人所到之处，众人都会顶礼膜拜！一旦魅力四溢，你的举止行为，就会成为众人的楷模；如果你的品德高尚，演说自然也会更具穿透力！

好的品德就像是夜明珠一样，依靠内在，可以散发出夺目的光辉。领导者如果想让自己的演说取得理想的效果，最重要的还是要从自我品德的提升做起。

李嘉诚在汕头大学做名为“奉献的艺术”的演说时，把春秋末期的范蠡与18世纪美国的富兰克林作比较，说：“他们虽然都将自己的从商所得毫不吝啬地馈赠了别人，但方法却天壤之别；范蠡是直接将财富赠给邻居，而富林克林则是将自己的财富用在了社会能力的建造上，推动人们更有远见、能力、动力和冲劲。有能力的人可以为社会服务，有奉献之心才可以带动社会进步。”1980年，李嘉诚成立了一个基金会，不仅把自己资产的1/3放在基金会，还将基金会看作是自己的第三个儿子。

从李嘉诚的为人、处事、为善、从商、言论等都可看出，他确实是一个品德高尚的人。

演说时，领导者自身的品德是最根本的保证。其实，不单是李嘉诚，还有俞敏洪、马云，以及其他公司的CEO，他们之所以能站在企业的最高位置，能够给他人以鼓舞，除了演说内容出色、声音动听外，更与自身的良好个人品德有关。

个人品德，是演说者自身素质的具体表现。古人云："其身正，不令则行；其身不正，虽令不行。"品德恶劣的领导者，如何站在台上用声音去征服听众?

品德高尚的企业领导者，不论演说什么内容，都会把高尚的思想品德渗透演说内容中，感染和影响听众。如果想成为优秀的演说者，就要以一个高尚的形象出现在听众面前，带头规范社会道德。以下是锻造个人品德的一些基本要求：

1. 具备一定的政治觉悟。

对企业领导者而言，如果想做出优秀的演说，就要具备高度的政治觉悟、良好的政治品质和坚定的理想信念。现今的俞敏洪、马云时常在各大高校、各大经济论坛上做演说，在向他们学习经济知识的同时，我们也可以看到俞敏洪、马云的政治品质与他们坚定的理想。

2. 遵守职业道德。

通常，优秀的企业总裁在演说时都会遵守职业道德。如果这里有两位总裁在演说：一个是为人师表、品德高尚的好领导；一个却是脾气人品皆不怎么样的人。你会选择听谁的? 相信，绝大部分人都会支持前者。

道理很简单！所谓的演说，其实就是领导者用自己的话去感染、影响听众，而听众则可以从领导者的演说中获得自己所需的东西。没有职业道德，没有正能量，品德不高尚，怎能向听众传递正能量和正确的价值观?！忽视了职业道德，即使你也可以当着众人的面侃侃而谈，但终究无法得到人们真正的认可和喜爱。

无法打动听众的心，自然也就永远不可能提高自己的演说能力，更会让人们对你的领导才能产生怀疑。

3. 坚守社会道德。

中国一直以来都是礼仪之邦，崇尚礼仪、尊老爱幼等礼貌和礼仪规范。

没有礼貌、举止不雅、素质低下，即使只是一个小动作，也会给听众留下恶劣的印象。21世纪的社会是个注重文明的社会，大家都说自己是文明人，眼里根本就容不得不文明的沙子。所以，如果想潇洒从容地站在演说台上或会议桌前，要想受到听众的认可，就要有礼貌，做到彬彬有礼。

4. 秉承伦理道德。

语言就像一把双刃剑，有时锋利无比、伤人于无形，有时又可以瞬间温暖人心。发表演说时，领导者必须坚持正确的伦理道德观念，才能把正确的伦理道德观念和自己想要表达的思想内容都完满地传播给听众。

修养高深，才能有远见卓识

荀子曾告诉我们：“吾尝跂而望矣，不如登高之博见也。登高而招，臂非加长也，而见者远！”登高举目，自然可以看到更多的风景。演说亦是如此。如果想提高自己的演说能力，同样要加强自身修养。修养越深，站的位置也就越高，演说才更具说服力！

有个当老板的朋友曾经问我，如果想成为一个优秀的演说者，需要具备什么样的素养？为了解答这个问题，我查阅了很多资料，也拜访了很多演说名师，最终总结出了演说者应该具备的高深修养，现总结如下：

1. 需要丰富的知识。

如果想提高说服力，首先就要具备丰富的知识储备。

刘长乐是凤凰卫视董事局主席，在凤凰卫视发展的这十几年间，他以传媒人和商人的双重身份，建立起了属于全球华人的言论高楼。他不仅是位成功的商人，更是一位知识渊博的智者，才华横溢。与人交谈时，随时冒出的连珠妙语更让手下众多名嘴钦佩不已。尤其是他与星云大师的对话视频，在网上更是广为流传；两人的对话甚至还被出版成书，畅销海内外。

只有知识量丰富的领导者，才能在最短的时间里从脑海中调出最合适的案例、最恰当的词汇，为自己的演说助力。因此，要想提高演说水平，就要在平时多积累，即使工作再多，也要抽时间看书、看报、看视频，并思考、总结……不然，就会在演说中遇到“书到用时方恨少”的尴尬。

2. 要有思想深度。

每个人都喜欢与有思想的人对话，如果想吸引更多的人来跟随你，就要具备一定的思想深度。也就是说，领导者要有透过现象看本质的眼光，要能快速地深入事物本质，由表及里，由此及彼，形成一条有逻辑的清晰主线，并围绕这条主线深化主题，连贯成文。

为了实现这一点，在生活中就要对一些现象多思考、多总结。这样，等你站在台上演说时，才能将有用的东西传送给听众，你的演说也才会更受欢迎。

下面是俞敏洪在同济大学演说的一小段内容，我很喜欢，与大家共享：

只有当我们对生命有了期待后，才会取得进步。有时候，我们选择前进，并不是因为我们多么坚强。有一句话让我很感动，也是我的座右铭："坚持下去，不是因为我很坚强，而是因为我别无选择。"

……

人生中，有很多迷茫和痛苦，只要你坚持往前走，痛苦就会被解决掉。在走的过程中，我也痛苦得流过泪，也痛苦得号啕大哭过，但我知道，如果确实能够坚持下去，不是因为你坚强，而是因为你别无选择。走到最后，总会有成果。

我没想到，新东方的学员能从13个变成现在的175万。所有的这一切的实现，都不用去想，只要坚持往前走就行了……

这段文字，着实能够给人以鼓励的力量。新东方之所以能够在如此短的时间内获得迅速发展，就是因为得到了学生的认可和欢迎，因为学生不仅可以从这里学习到必要的知识，还能了解到演说老师的思想深度，继而提高自身的修养。

从一定意义上来说，演说就是一场思想动员。演说的最终目的就是提高听众的思想认识、文化水平，达到教育人、启迪人的作用。因此，如果想提高演说水平，领导者就要具备先进的、科学的思想。如此，作为领导者的你才能高瞻远瞩，具有真知灼见。

3. 懂得随机应变。

在演说的过程中，领导者该如何克服恐惧情绪？临时出现了问题，该如何处理？比如：突然忘了词，突然遇到冷场、哄场等情况。正确的做法是，你要保持平和的心态，用自己的聪明智慧来巧妙应对。

英国前首相威尔逊经常做公众演说，有一次演说时，反对者公然捣乱，大肆挑衅，大叫着："放屁、狗屎、臭粪！"看到这个场景，威尔逊没有直接反击，而是淡定地笑了笑，说："等会儿，我就会回答你们提出的环境脏乱差的问题。"结果，掌声四起。

威尔逊用自己的机智和幽默风趣，巧妙地化解了自己的尴尬以及与反对派之间的矛盾，同时也获得了听众的认可和掌声。

无独有偶！李敖是台湾著名的演说家，有一次他演说完，与听众互动提些问题。这时，有人递上来一张字条。他打开一看，上面只写了3个字："王八蛋"！他的神情既不慌张，也不气恼，而是对听众说："大家递条子问问题时，通常都只写问题不写名字。可是，刚才这位同学却只写了名字，没写问题……"

本来那个不怀好意的人是要诋毁李敖，可是李敖却将计就计，将问题又用幽默的方式抛给了对方，让对方自讨没趣。

4. 较高的现场表达技巧。

演说时，一旦形成了构思，优秀的领导者都会密切观察现场和听众，积极寻找那些与主题相关的人物、景物，合理设喻，触景生情。同时，为了拉近自己和听众的距离，他们还会根据现场听众的实际情况和自己想要表达的思想、观点进行结合互动，继而拉近彼此的距离。

只有心胸坦荡的总裁，演说才会掷地有声

> **有道是：宰相肚里能撑船！一个人的心胸有多大，未来就有多宽广。越是领导者，心胸就越要宽广，气量也要越大。心胸狭隘的人，做不出气势宏大的演说。**

演说，不仅是知识的传播，更是精神的传递。在传递的过程中，作为领导者，你的气度、胸襟和视野都会在潜移默化中对听众造成影响。自私自利的人做演说，现场到处都会充斥着消极的情绪；心胸坦荡者的演说，才会产生铿锵有力的效果。

马云是很多创业者心中的偶像。他的演说风趣幽默，掷地有声，很多人都喜欢听。马云的演说是成功的，是励志的，是听众喜欢的。其实，这所有的一切都和他坦荡的胸怀息息相关。

在一次电商会议上，马云说："细节好的人，格局一般都差。对企业家而言，注重细节与兼具胸怀是将企业做好的关键。或许，细节能成就一个人或一家企业，但如果没有长远的布局，细节对成功则不再具备推动力。"

马云在浙江乌镇举行的首届世界互联网大会上曾表示："做生意最重要的是眼光。眼里看到的如果是全中国，做的就是全中国的生意；眼里看到的是全世界，做的就是全世界的生意。"

2011年是马云创业以来最艰辛的一年，3月，阿里巴巴近百名员工涉嫌欺诈，他不得不忍痛舍弃了卫哲；5月又发生了支付宝股权转让风波；10月出了"淘宝商城"事件。这些都让马云非常煎熬。马云在微博上发文："心悴了，真累了，真想放弃"。可是牢骚过后，第二天，他依旧第一个来到公司。

为了时刻提醒自己，马云曾在自己的手上写过5个“忍”字。他说：“其实，我在10年前就开始忍了，因为那时很多人都认为互联网企业是骗子。忍，是为未来而忍、为诚信而忍，我需要防范5年后遇到的问题。以前，企业发展需要抓机会；现在，企业发展必须解决社会问题，能对社会有所贡献。”

一个人的格局决定着这个人的成就，一位企业家的格局则决定着这家企业的未来。

从马云的话里我们可以看出，他是一个成功的企业家，也是一名非常棒的演说家。他之所以如此优秀，很大一部分原因是他比平常人的胸襟更宽阔。假如领导者心胸狭小、自私自利、自以为是，说话就会气短；只有胸怀宽广、为人坦荡的领导者，演说起来才会掷地有声。

通常，演说者通过演说只是为了传达信息、传递观念，可是假如你是领导者，就应该设定更远大的目标，比如：

1. 给听众以指引。演说的时候，要向听众表达一些诉求或提醒听众，是什么原因将他们聚集在一起并使他们与众不同。为了让听众与其他人有所不同，就要指引听众在未来有更好的表现。

2. 让听众受到影响。要让听众体会到自己的看法，积极塑造大家对关键议题的想法和感受。当领导者具体而明确地表明了自己的愿景后，就可以说服听众行动起来一起去实现这个梦想了。

3. 给听众以启发。要激起听众心中想要行动的冲动，激励听众齐心协力来实现目标。很多时候，人们都清楚自己该如何做，不需要详细说明，人们真正需要的是说服自己改变行为的理由，因此，只要将理由讲述清楚即可。

衡量领导者的价值，不仅要看他的知识与能力，还要看他的胸襟、视野和境界。如果一个领导者想让自己的演说发挥出最佳的影响和作用，气量就应该更大一些。在一些不涉及原则的问题上，千万不可斤斤计较，应该时刻保持乐观的心态。

文化素质高，演说起来才能头头是道

一场演说虽然只有短短的几十分钟甚至更短，但演说者依然要付出几十倍、几百倍、几千倍的努力。俗话说得好：“台上三分钟，台下十年功！”要想将一桶水倒给别人，首先就要拥有一个湖泊。专业知识不扎实、文化素质不高，说服力就会低很多。

演说的过程，也是人与人之间思想交锋的过程。在这个过程中，作为总裁的你，凭什么征服听众？简单的陈述？实施措施的罗列？还是其他？

当今社会飞速发展，各种学科层出不穷，科学高度分化和高度综合，不掌握新知识，知识陈旧，别人就不愿听了。这样的演说，无疑是失败的！在关于“看待人生”的演说中，俞敏洪有这样一段话值得大家去品味：

怎样看待人生？曹操说“人生苦短，对酒当歌”，苏东坡说“哀吾生之须臾，羡长江之无穷”。在时空维度中，人类是异常渺小的，甚至可以忽略不计。人生观正确的人，一辈子都会过得很充实、很积极，能从日常生活中感触到许多有意义的事；在人生观问题上没有清晰的脉络，糊里糊涂，只能白白虚度了年华。

奥斯特洛夫斯基讲：“人最宝贵的是生命，这生命属于每一个人只有一次。人的一生应当这样度过：当他回忆往事时，不因虚度年华而悔恨，也不因碌碌无为而羞愧。这样，在临死时，他就能够说，我的整个生命和全部精力都献给了世界上最壮丽的事业——为人类的自由和解放而斗争。”

马克思在17岁时，已经有很高的精神境界。在中学毕业论文里，他写过这样一句话："选择了最能为人类谋福利的职业，重担就不能把我们压倒，因为这是为大家而献身……"

俞敏洪的这篇演说稿中，不仅引用了曹操、苏东坡和奥斯特洛夫斯基的名言，还在最后引用马克思的事例，都是为了告诉听众"怎样去看待人生"。所有的这些娓娓道来，确实需要渊博的知识做前提。

如果想给别人讲道理，或者想让他人认可你的思想和观点，自己就得首先明白十个道理。不要觉得演说的时间短，即使是只有几分钟、几句话，也需要有丰富的知识储备才能做到精彩。

为了取得理想的演说效果，领导者就要提高自己的阅读量，这不仅是"传道、授业、解惑"的需要，也是演说成功的先决条件。众多优秀演说家之所以可以旁征博引、妙语连珠，之所以能够将生动、具体、精彩的事例随意地穿插到演说中，就是因为他们文化素养高、学识渊博、阅书无数。

由此可见，要想成为一个合格的演说者，光有专业知识还远远不够，还需要广泛涉猎专业知识以外的其他知识。

1. 文学艺术方面的知识。

为了丰富演说内容，增强演说的感染力，可以引用一些古今中外的名篇佳作、名人名言、成语典故、轶闻趣事。多了解一些文学艺术方面的知识，不单能从中获得丰富而有益的知识，还可以从整体上提高演说者的文化素养与审美观念，最后通过演说把这些最美好的东西传达到听众的大脑里。

2. 科学技术方面的知识。

政治、经济、军事、外交、工业、农业以及天文地理、风土人情、待人接物、文明礼貌、法制纪律等，都是提高领导者素养所不可缺少的知识。当然，要想获得这些知识，最直接的途径就是读书。可是书本是死的，必须还要向社会、生活学习。比如：工作之余，可以参观各种展览，游览名胜古迹，观看戏剧、电影、舞蹈等各种演出，也可以听听广播，看看电视，参与各种社会实践，以获取知识，开阔眼界。

当然，在广泛学习各方面知识的同时，还应该注意积累，把学到的知识进行分类，并记忆在头脑中。这样，在需要时，就可以迅速查找出来或背诵出来。鲁迅曾说：“‘急不择言’的病源，并不在没有想的工夫，而在有工夫时没有想。”因此，千万不要在演说时胡乱使用语言。

总　裁　演　说　实　录

李嘉诚：奉献的艺术

2004年6月28日，李嘉诚先生在汕头大学为长江商学院近300位EMBA学生做了演说——“奉献的艺术”，现截取片段供读者学习：

多谢大家常称赞我是一个成功的企业家，对于这些支持、鼓励，我内心感到非常感激。

很多时候，传媒访问都会问我这样一个问题：如何可以做一个成功的商人？其实，我很害怕被人这样定位。因为，我首先是一个人，再而才是一个商人。

每个人一生中都要扮演不同的角色；也许，最关键的成功方法就是找到导航人生的坐标。没有原则的人，会漂流不定；有正确的坐标，做什么角色都可以保持真我，挥洒自如，会取得不同程度的成就，活得更快乐、更精彩。

不知道什么时候开始，“士农工商”社会等级的概念便深深扎根在中国人传统思想内。几千年来，从政治家到学者，在评价“商”时，几乎都异口同声带着贬义。他们负面看待商人的经济推动力，在制度上各种有欠公允的法令历代层出不穷……

当然，在商人的行列里，也有满脑袋只知道赚钱、不惜在道德上有所亏欠、干出恶劣行为的人，伤害到了企业本身及整个行业的形象；也有一些企业钻营于道德标准和法律尺度中的灰色地带。商业社会的进步，不仅要靠个人的勇气、勤奋和坚持，更要建立社群所需要的诚实、慷慨，创造出一个更公平、更公正的社会。

从小我就喜欢听故事，从别人的生活得到启发。当然，不单是名人或历史人物，周围各人、各事，言行举止都是如此。在商言商，有些时候更会带来巨利的机会。洛克菲勒与擦鞋童的故事，想必大家都听过：1929年华尔街股灾前，一个擦鞋童也想给洛克菲勒提供炒卖股票的秘密消息，洛克菲勒听后，领悟到股票市场过热，立刻将股票兑现，躲过股灾。

范蠡一句“飞鸟尽，良弓藏；狡兔死，走狗烹”，说尽了当时社会制度的缺憾，大家都忘不了他这句话。范蠡是《史记·货殖列传》中所记的第一人，他曾拜计然为师，研习治国方略，博学多才，是春秋时期著名的政治家。他有谋略，有渊博及系统化的经济思维，经济智慧为他赢得了巨大的财富。

现代经济学很多供求机制的理论，我国历史早有记载。范蠡的“积著之理”研究商品过多或短缺的情况，说出了物价涨跌的道理。而怎样抓住时机，才能让货物和现金流的周转，如同流水那样生生不息。范蠡的“计然之策”，试图从物质世界出发，探索经济活动水平起落波动的根据；其“待乏”原则则阐明了如何预计需求变化并做出反应。他主张平价出售粮食，并平抑调整其他物价，使关卡税收和市场供应都不缺乏，才是治国之道，更提出了国家积极调控经济的方略。

……

我觉得范蠡一生可算无憾，有文种这样知心相重的朋友；有共渡艰难，共渡辰光的西施为伴侣，最重要的是，有智慧守候他的终生。我相信他是快乐的，因为他清楚在不同时候，自己要担当什么角色，而且都这样出色，这么诚恳有节。

勾践败国，范蠡侍于身后，不被夫差力邀招揽所动。范蠡助勾践复国后，又看透时局，离越赴齐，变名更姓为夷子皮。他与儿子们耕作于海边，由于经营有方，没有多久，产业竟然达数十万钱。见范蠡贤明，齐国的人欲委以大任。范蠡却散其家财，分给亲友乡邻，然后怀带少数财物，离开齐到了陶，再次变易姓名，自称为陶朱公，继续从商，每日买贱卖贵，没过多久，又积聚资财巨万，成了富翁。

范蠡老死于陶。一生3次迁徙，皆有英名。书中没有记载范蠡终归是否无憾。我们的中国心有很多包袱，自我概念未能完善发展。范蠡没有日记，没有回忆录；只有他行动的记录，故无法分析他的心态。他历尽艰辛协助勾践复国，又看透勾践不仁不义的性格；他建立制度，却又害怕制度；他雄才伟略，但又厌倦社会的争辩和无理；他成就伟大，却体会到世上最强最有杀伤力的情绪是嫉妒。范蠡为什么会有如此消极的抗拒？

说完我国著名历史人物范蠡，我想谈一谈美国的一个伟人。本杰明·富兰克林是个哲学家、政治家、外交家、作家、科学家、商家、发明家和音乐家，闻名于世，可是在他的墓碑上只简单刻着“富兰克林，印刷工人”几个字。

富兰克林，1706年生于波士顿，家境清贫，没有受过正规教育，一直努力弥补这一遗憾，靠着自学获得了广泛的知识。他12岁当印刷学徒，1730年接办宾州公报，著作《可怜李察的日记》一纸风行，成为除圣经外最畅销的书；为政府印刷纸币，实业上获得了很大成功。

富兰克林不仅有超越年龄的智慧，更关心别人，思维健全，对公共事业热心，赢得了当地居民的信任。富兰克林曾经立下志愿，凡是对公众有益的事情，不管多困难，都要努力承担。自1748年始，他开展了不同的公共项目，包括建立图书馆、学校、医院等。

做好事、做好人是驱动富兰克林终生的核心思想，他希望自己做的每件事均有益于社会、有用于社会，身体力行为后人谋取幸福。他功成名就后，从未忘记帮助年轻人找到自己增值的方法，在《给一个年轻商人的忠告》的文章内，他的名句“Time is money，credit is money”，将时间和诚信作为钱能生钱可量化的投资；在《财富之路》一文内，富兰克林清楚简单地说明，勤奋、小心、俭朴、稳健是致富之核心态度。

勤奋为他带来财富，俭朴让他保存产业。富兰克林的十三个人生信条写得简明扼要：“节制、缄默、秩序、决心、节俭、勤勉、真诚、正义、中庸、清洁、平静、贞节、谦逊”，结果都成了年轻人的座右铭。

他更是一位杰出的政治家。在美国独立战争期间，他曾出使法国，赢得了法国对美国的同情与支持。独立后，制宪会议一开始，富兰克林就表现出了一个政治家的博大胸怀。虽然他是众望所归，但却提名华盛顿将军当总统。富兰克林坚持留给制宪会议的绝非是名誉高位，而是胸襟、智慧和爱国精神。

……

我相信，我已创立的一定能继续发扬；我希望，财富的能力可有系统地发挥。我们要同心协力，积极、真心、决心，在这个世上散播最好的种子，建立一个较平等及富有同情心的社会，亦为经济、教育及医疗做出贡献；希望大家抱慷慨宽容的胸怀，打造奉献的文化，实现人生最有意义的目标，为心爱的民族和人类创造繁荣和幸福。

谢谢大家！

第二章

演说前的准备
——兵马未动，粮草先行

第一节 演说前要想好几件事

选择合适的演说基调

“演说是一门艺术，其艺术性，不仅仅体现在演说技巧上，还在于演说基调。领导者演说时，使用不同的基调，传达到听众那里的信息也就不同，会给听众带来不同的感受。”

试想，当你生气、高兴、惊愕、怀疑时，所使用的语调和平常一样吗？答案显而易见！不仅语调不同，声音高低也各不相同。不同的语调代表了不同的情感、心情，甚至有人还能从语音语调来判断对方是否是个平易近人的人。因此，语音语调也是影响演说效果的重要因素。

2003年9月，为了表示对新生的欢迎，北师大传播学院院长做了以下这样的演说。

2003年新入学的同学们：

欢迎你们，欢迎你们来到北师大，欢迎你们加入北师大传播学院这个大家庭！我们知道，同学们，特别是第一次进入北师大珠海分校的同学们，心情一定十分激动。因为你们踏入的是一个繁花似锦的校园，一块令人眷念的土地，一片生生不息的、蓬勃向上的热土。在这里，我们传播学院的全体教师向你们表示由衷的祝贺和热烈的欢迎！

长风破浪会有时，直挂云帆济沧海！同学们，让我们揽万丈文才、汲百代精华、踏实地走好每一步，共同携手，在新世纪的伟大征程中谱写壮丽的青春之歌！

祝大家在北师大传播学院的四年里快乐、幸福！

这篇演说词语气亲切，语调欢快，表现了北师大传播学院院长对新生的热烈欢迎与殷切期望，带给人一种热情洋溢的感觉，自然流畅的发言一下子就拉近了师生间的心理距离，切切实实地打动了新生的心。试想，假如这位院长在一开始就将演说的基调定为学术研究，严肃且严谨，即使是用尽言辞，也无法收到理想的效果。

一位省长曾做过这样的一段演说：

100多年前，第一个无产阶级的政权宣告成立时，马克思庄严地向世界宣布：巴黎公社的所有官员都是人民的公仆。中国共产党把为人民服务作为自己的唯一宗旨，毛主席在革命和建设时期，不论胜利或是失败，都会告诫我们：不要想着做老爷，要做人民的勤务员。

我们的政府是人民的政府，我们的政权是人民的政权。政权的性质决定了政府的所有工作都是要为人民服务。因此，我和几位副省长无时无刻都牢记着自己的地位。省长仅是人民的公仆和勤务员，是最普通的劳动者，只是社会劳动中的一个分工而已。

这位省长的这一段演说，语气坚定、态度客观、语势平稳、语速较慢，很好地向听众阐述了政权及官员的性质，并向大家承诺：自己是人民的公仆，是普通的劳动者……语言雄浑有力，感人至深！

从这两则演说案例中我们不难发现，基调是演说成功的方向性因素。

领导者在设计演说稿之前，首先要考虑的问题就是，我这篇演说稿采用什么样的风格与基调呢？是以正面弘扬为主，还是以反面揭露为主？是歌颂某种好的精神和行为，还是批判某种恶劣行径？是风格高亢，还是风格沉稳？是恢宏磅礴，还是亲切和善？……只有把基调明确下来，才能正式开始组织语言。

领导者演说时，既不能肆意而为，更不能心血来潮。一场精彩的演说，离不开精心的准备，尤其是在开始的时候，一定要给自己定好基调。第一步走错了，继续走下去，只能让你背离初衷的距离越来越远。

1. 明确演说基调有哪些。

一般来讲，常见的演说基调主要分为：轻快型、持重型、舒缓型、急促型、低抑型等，下表中就来做简单介绍：

表1　常见的5种演说基调

基调	说明
轻快型基调	这种演说基调跳跃感比较强，轻松欢快，在做贺词、欢迎词、祝酒词等的演说中可以使用这种基调
持重型基调	这种演说基调庄重镇定，声音强而有力，语速较慢，语势较平稳，在工作报告、开幕词、闭幕词等演说中可以使用这种演说基调
舒缓型基调	这种演说基调张弛自如，轻松明朗，中等语速，在座谈、研讨、学术演说时可以使用这种演说基调
急促型基调	这种演说基调慷慨激昂，语言顿挫、语势急促，可以作为辩论、宣誓、获奖感言的演说基调
低抑型基调	这种演说基调声音低沉，语气沉重，感情压抑，可以作为悼词、纪念性演说等的演说基调

2. 明确基调要考虑的因素。

明白了演说基调的类型以后，还要确定自己的演说基调，如何做到这一点？具体方法是：

（1）满足内容的需要。演说的最终目的是更好地表达内容，为主题服务，不论采用什么基调，最终都是为了给内容提供服务，所以基调没有好坏之分，只有明确立意及具体内容后，才能找到真正适合自己的基调。

（2）符合个性特点。在选择演说风格基调前，领导者要考虑自身所具备的特点。要考虑到自己的特点，发挥优势、扬长避短，提高个人的演说效果。

想一下要让听众从演说中学到什么

孙子兵法告诉我们：“知己知彼，百战不殆！”这一运用于军事上的法则，其实同样适用于演说。领导者演说的时候，一定要了解听众，知道他们的心理需求。如果你想让听众了解的，正好也是听众想要了解的，演说也就成功了。

演说是一个从不熟悉到被听众接受的过程，领导者在演说台上自顾自地侃侃而谈，完全不顾及听众的感受，自然也就无法得到听众的认同。即使站在聚光灯下，也一定要明白：舞台中心是台下的那些普通听众。因此，一定要多讲听众想听的、愿意听的内容，不能一厢情愿地认为自己想说的就是听众想听的。

美国前总统林肯曾经说过：“当我准备发言时，总会花2/3的时间考虑听众想听什么，而只用1/3的时间考虑我想说什么。”任何一场演说，都离不开听众，演说成功的关键就在于听众对演说的接受。领导者在演说过程中，一定要多为听众着想。

2013年10月25日上午，首届聋人创业励志演说会在湖南省长沙市举办。中国著名聋人演说家包坚信用独特的表情和手语，做了一次成功演说，将自己成功创业的经历与经验表达了出来，激励残疾人尤其是聋人群体要像健全人那样勇敢创业。

因为一次医疗事故，包坚信在1岁半时失聪。但是，这一切并没有让包坚信对生活失去信心。他认为，即使听不见，也可以自食其力，不能一直依靠社会援助。于是，17岁时他便开始自己创业。他卖过衣服，卖过纸箱，开过灯饰铺，尽管不能说话，但依靠纸笔依然可以与进货商进行一对一的沟通和交流。

生活困难并没有磨灭包坚信做生意的想法，经过多年的努力，今天的他已经在全国各地开了数十家加盟店，拥有资产上千万元。包坚信对听众说："只有自食其力，用积极的心态面对现实，才能融入社会。"事业有成的包坚信并没有因为这点成就而止步，他决定帮助聋人，鼓励他们自信自强自立。

这是包坚信的第一次演说，引起了非常大的反响。许多聋人看过他的演说后，都有了自信，投入了创业的洪流。自那之后，包坚信觉得身上多了一份责任感，于是他给自己定了一个目标——到2020年能影响90%的聋人创业，他开始了自己的全国公益演说之路。

在演说会上，包坚信不仅会认真讲述自己13年的创业经历，还剖析了聋人创业的成功案例，更向听众分享了成功创业的经验："健全人能创业和做生意，聋人也可以……聋人做生意应该从小做起，通过微创业来获得第一桶金。"同时，他还告诉聋人，千万不要觉得做小生意不体面，没有物质生活，哪来的体面与身份?

包坚信结合自身实践，给听众介绍了很多寻找创业出路的方法，得到了听众的认可和欢迎，演说非常成功!

人们之所以喜欢听包坚信演说，不仅是被他身残志坚的精神所感动，更是因为从他那里得到了自己想要的。试想，假如包坚信的演说不能给听众带来他们所需要的东西，还会有同样的效果么？必然不会！太多的事实告诉我们，在所有信息传播的方法中，最糟糕的一种就是自顾自地演说。只有为听众着想的演说，才能够获得听众的支持。

听众才是演说的中心。听众对演说的支持与否，关键在于演说内容是否对他们有帮助。一般情况下，听演说前听众都会在心里想一下"这个演说对我有没有好处？""这个演说对我有什么帮助？"……，假如你的演说只是为了娱乐听众，关注你的人自然就不会多；如若听众能从你的演说中有所收获，那情况就完全不同了。那么，怎样才能想听众之所想、获得听众的支持呢?

1. 演说内容应该选择听众感兴趣的。

许多领导者在演说时只会讲一些自己感兴趣的话题，完全忽视了听众关注和感兴趣的内容。这是不正确的！听众只会对自己需要的产生兴趣，如果想吸引他们的注意力，想得到听众的关注，演说中就要尽量讲一些他们感兴趣的内容。

一天，一个身强体壮的男孩打算将一头牛赶往牲口棚。可是，想了很多办法，汗流满面，不停地吆喝，牛站在那儿依然一动不动。这时候，一位挤牛奶女工走过来。看到这个情景，眉头一皱，之后便是一阵叹息：蠢货！女工非常了解牛的饮食习惯，她走上前，将自己的一根手指伸进牛嘴，之后便轻而易举地将它牵到了牲口棚。

其实，女工之所以能够将牛成功引入牲口棚，主要是因为她了解牛的兴趣爱好，对牛产生了强大的吸引力，自然就可以随意地指挥牛了。

听众之所以会接受你的演说，是因为他觉得你的观点对他有价值、有帮助。只要你能向听众表明你思想开阔，尊重他的观点，能替他着想，就能让听众产生共鸣，并与他建立起融洽的关系。只有这样，他才会乐意让你“牵”着而接受你的观点。做到了这一步，便可以顺利地开始向听众传播你的观点了。

2. 演说内容不可太浅显也不能太深。

听演说的过程也是一个思考的过程，领导者演说时设置的思考点必须贴合听众的层次，既不能太深，也不能太浅。演说的内容如果太浅显，大家就会觉得你没有深层次内涵；但是也不可太深奥，否则会让听众听不懂。在倾听演说的过程中，如果听众觉得无论如何都无法融入你的话题，无法与你产生共鸣，自然就不愿意继续往下听了。

3. 懂得讲故事才能吸引听众。

事实证明，大多数听众都喜欢听故事。演说时，如果领导者先说一句：“我先给大家讲一个关于……的故事”，相信听众的注意力定会被吸引过来。对于故事的力量，相信大多数领导者都体验过。为了取得最佳的效果，就要在演说中多穿插一些故事。

4. 演说的内容要尽量简短。

大多数人都不喜欢长篇大论的演说，时间如此宝贵，任何人都不愿花费太多的时间来听你的演说；即使是给员工开会，时间长了，他们也会感到厌烦。因此，领导者一定要合理控制自己的演说时间，用简单干练的语言将自己的想法表达出来。

想一下要给听众树立一个什么样的形象

“形象，是演说者仪表、举止、礼貌、表情、谈吐的综合反映，是领导者的思想、道德、情操、学识及个性在外表的体现。演说者只要一登上讲台，就把自己的形象摆在了听众面前，会直接影响到听众的评价和审美。”

在春晚的舞台上，表演者的一举一动、一颦一笑，甚至一个眼神，都会让人心驰神往。在他们身上，我们可以看到一种成功者的魅力，也就是我们常说的形象气质。同样，很多领导者一站在讲台上，即使还没开口，仅仅是一个微笑、一个动作，也会得到众人的认可和肯定，听众的热情会在一瞬间被带动。而这所带来的效果，就是领导者的个人形象在起作用！

事实证明，优秀的总裁、企业家之所以能够取得理想的演说效果，其中一个重要的原因就是，当他们踏上演说台、站在会议桌前时，都会给听众及下属带来一种别样的感觉。他们举止优雅，笑容可掬，步态从容，幽默风趣，侃侃而谈……在整个演说过程中，他们的一举一动都充满无限的吸引力，让人不得不认真地倾听。

每个人都有自己的审美标准，每个人都喜欢欣赏美好的事物。良好的个人形象，不仅可以使语言的表达更丰富，还可以给听众留下深刻印象，记住你以及你所演说的内容；反之，如果衣着不修边幅、脸上愁云惨雾，不仅吸引不了听众，还可能会让他们感到厌恶，可能你还没有正式开始演说，人家就已经想离开了。

当然，对于领导者自身来说，演说时树立一个良好的演说形象，自己的心情也会好一些，自然也就可以轻松地应对演说中遇到的各种突发事件了。那么，如何才能树立良好的演说形象呢?

1. 注意个人的仪表。

演说时不修边幅、蓬头垢面，是不行的！当然，盲目地标新立异、跟随潮流，也是不可取的。只要能保持衣着的干净整洁，将自己的风格和精神面貌体现出来即可。

为什么很多老板在创业时都要为自己配备一辆座驾，到企业发展后还要换辆奔驰、宝马……，就是因为他们都知道，个人的形象包装在商业中有着极其重要的作用。因此，演说者在正式上台之前，一定要提醒自己：要注意自己的个人形象！

乔治·莫洛伊在《着装、向前、成功》一书中认为："在正式场合，着装不合适的人，看上去通常没有气势。一个不注重形象的公司与一个注重形象的公司相比，员工的工作效率要低10%之多。"许多事实也证明了这一点：演说时得体大方的着装能给领导者带来一种积极的心理体验，使领导者获得更多的自信与自尊。

2. 合理地运用肢体语言。

必要的肢体语言会让你的演说内容增色不少，想想看，马云、乔布斯演说时，是不是会经常使用肢体语言?肢体语言的使用对演说的作用不言而喻。成功的领导者都会使用一些演说手势，但还要遵循以下几个原则：

（1）做出的动作要自然大方。

听领导者演说，听众不仅想获得信息、受到启迪，也想得到美的享受。只有体态动作自然大方、符合听众的审美习惯，才能让听众获得最棒的体验。因此，领导者使用手势时一定要自然，要让自己的情感自然流露出来；当然，还要符合性别、年龄、经历和性格等特征。

（2）要保证身体的各部位的协调一致。

演说时，领导者的手势身体语言动作要做到三个协调（详见表2）。

表2　手势身体语言动作的三个协调

协调的方面	具体说明
手势与全身协调	手势动作的表达不能独立进行，要与声音、表情、姿态等有效配合在一起
手势与语言协调	手势的起落应该与话音的起落保持同时、同步，不能交错而出
手势与感情协调	演说中感情激昂时，手势的幅度、力度可以稍微大一点；反之，幅度、力度则要小一点，手势幅度与感情表达成正比

（3）选择适宜的时机加些简练的动作。

演说时，肢体语言要与演说内容相适宜，既不能太多，也不能没有；同时，动作要简单精练，不要过多地做大幅度的复杂动作。

（4）不同的人使用不同的手势。

演说中肢体动作的合理运用可以最大程度表现出演说者的自信、涵养、气质和风度。因此，领导者更要根据自己的具体情况，选择最适合自己身份、职业、性别的手势。但使用肢体语言要适度，既不能过于频繁，也不能过于夸张。

3. 控制好面部表情。

罗曼·罗兰曾说过："面部表情是多少世纪培养成功的语言，是比嘴里讲的更复杂千倍的语言。"面部表情是演说者的内在思想感情在外貌上的反映，在态势语言中最能传情达意的就是面部表情了。富有经验的领导者，大多可以通过面部表情将自己的思想感情表达出来，从而引起听众的注意力，对听众的思想产生影响。

演说时，领导者一定要让自己面露微笑，这样不仅可以化解掉自己心中的紧张情绪，还能使演说氛围变得亲切和谐，让听众的心情放松下来，更有利于与听众做更深入的交流。

4. 用你的目光和听众交流。

演说时，领导者一定要多留意听众的眼睛，也可以把目光放到对方的其他部位。同时，为了表示对听众的尊重，还要让自己的演说保持有精气神的状态，既不能东张西望，也不能总是低头盯着地面或仰头看向天花板。

想一下演说完希望听众采取什么样的行动

“演说，是一种艺术形式，也是一种工具。只要拿起这个工具，总会抱有某种目的，没有目的的演说是不存在的。因此，优秀的领导者都有一个明确的演说目的，实现了宏观和微观的目标、眼前和长远的统一，演说也就是有意义的、有价值的，也会收到不可估量的效果。”

在管理界，有一句至理名言：为结果而战，以结果为导向！其实，任何事情，都是如此，演说也不例外。优秀的领导者在演说时，其心中总会期待一个自己想要的结果。

没有结果的汗水，白流；没有结果的演说，白费口舌！因此，在演说之前，一定要问问自己：希望听众采取什么样的行动，达到什么样的结果！2009年12月31日，为了让员工在新的一年再接再厉，继续努力，任正非做了这样一次演说：

2009年的一页即将翻过去，在新的一年即将开始之际，我代表公司向奋斗在各条战线、各个区域的全体员工致敬，你们辛苦了！

……

2009年我们的销售额超过300亿美元，销售收入达到215亿美元，客户关系将得到进一步提升。与业绩相关的是，做出重大贡献的员工，收入会有较大的增长，希望您们全家过一个好年。

在过去的一年里，我们成功地经受住了考验，我们的员工不愧为这个时代的弄潮儿，在极端困难的条件下，创造了优异的成绩。今年全球绝大多数区域投资都趋下降，一开年各地区部都呈负增长，能取得这样的成绩，怎么不是风华绝代，怎么不是英雄辈出？

在这一年里，中国作为本土市场历史性地突破了100亿美元，光传输、接入网，我们就走向了世界第一，有力地支撑了公司的发展；3G、LTE构筑了全球第一的竞争力；路由器走出了困境，实现了与业界竞争力同步；专业服务发展迅速，不仅支撑了公司的高速发展，更实现了自身产业的健康成长，连续三年实现50%以上的增长……

我们要坚持从成功的实践中选拔干部，坚持“猛将必发于卒伍，宰相必取于州郡”的理念，引导优秀儿女不畏艰险、不谋私利，走上最需要的地方……

我们已经听得到新年的鞭炮声，炮火振动着我们的心，胜利鼓舞着我们，只要坚持自我批判不动摇，就会从胜利走向胜利。我们走在大路上，意气风发，斗志昂扬，没有什么能阻挡我们前进，唯有我们内部的腐败。

“日出江花红胜火，春来江水绿如蓝”！待来年我们再共饮庆功的酒……

在这次演说中，任正非不但讲述了过去一年所取得的可喜成就，还对广大员工进行了积极的表扬和鼓励；同时，希望广大员工在新的一年里，百尺竿头，再接再厉，更上一层楼，他对员工的希望完全展现了出来。

每个领导者的职业不同、经历不同，演说的目的、内容也各自有所不同。在演说之前，领导者一定要明确自己的目的，比如：为了获得他人的支持，为了阐述自己的观点，为了说服别人，为了扩大自己的影响力……，不管你的目标是什么，在演说之前都要问一问自己，自己希望听众感觉到什么，希望他们会有什么样的反应？这样，演说时才会得心应手，才能有的放矢。

行为决定结果！有什么样的行为，就会表现出什么样的结果；有什么样的希望，就会有什么样的结果。演说，也有着自己的目的和结果，因此领导者在演说前一定要明确一点：我希望听众在听完演说后做出什么样的反应、会有什么结果?

1. 现场的目的。

通常，每次演说，领导者都希望自己能够获得成功，希望得到听众的认可。这完全可以从现场的气氛和直观效果反映出来，比如：听众的情绪、表情。当听众或者捧腹大笑，或者欢呼雀跃，或者义愤填膺，或者高呼口号，或者泪水横流，或者掌声雷动时，就说明你的演说已经引起了广大听众的共鸣。

当然，现场效果也只能反映表面现象，关键还是要让自己的演说目的、演说内容等深深地打动听众的心，引起听众共鸣。离开这些，不论领导者有多么强大的气场，成功的欲望有多么强烈，都是难以奏效的。

2. 散场后的目的。

演说者都在追求演说后所收到的效果、听众所采取的实际行动，这也是领导者演说的最终目的。

拿破仑率领大部队远征古埃及时，在金字塔附近跟敌人的主力部队遭遇，情况十分危急。拿破仑站在部队前，情绪高昂地说："士兵们！今天四千年历史的英魂在这些金字塔的上面看着你们！"

这话语看起来似乎很简短，却给士兵们增添了无限的力量，疲惫的法军士气大作，一鼓作气，打败了敌军，取得了胜利。在这里，演说发挥了它的独特功能，对士兵起到了巨大的鼓舞作用。士兵在拿破仑的带领下，奋勇厮杀，大获全胜，这也就等于实现了演说后的目的。

在这里，演说现场的目的，既是演说后的目的，也是演说的前提和基础，演说后的目的，又是现场目的，必然两者是相辅相成、紧密联系在一起的。如果不实现现场目的，就不可能实现演说后的目的；只追求演说后的目的，而忽视了现场目的，演说后的目的自然也会收效甚微。

俞敏洪：让自己成为散发热情的火炉

2010年，俞敏洪老师在新东方寒假班发表了这样的慰问演说（内容有删减）：

非常感谢同学们选择新东方的课堂，谢谢大家！

有三句话，我每天都在问自己有没有做到，叫作“有人爱，有事做，有所期待”。语言很简单，但是要做到，其实不容易。

第一句话是“有人爱”。

所谓“有人爱”，比如，父母爱我们，我们会很开心，因为家中自有温馨。男朋友爱我们，我们会感到很温暖；女朋友爱我们，我们会感到沉醉。这都是爱的表现。但我更愿意把“有人爱”理解为“有人被你爱”，就是你能够积极主动地爱人。没有人愿意把冰块放在手里太久，因为它太冰冷。有时候我们会抱怨世界太冷漠、没人关心你，其实是我们没有意识到，可能就是因为自己就是冷漠的，所以世界才会冷漠。

你是什么样的，你眼中看到的世界就是什么样的。就算你是个火炉，在冬天不生火，也没有人围着你转，因为你不能给人温暖。任何一个火炉，只要在冬天生起火，就会有人围着你烤火。所以，只要把自己的热情散发出来，就能够影响周围的人；只要把我们的爱、愿意帮助别人的心情散发出来，就能够影响到周围很多人。新东方就是这么激发起来的！

人是有能量的，这个能量看不见、摸不着。有人会散发负面能量，有人会散发正面能量。散发正面能量的人，一定是非常积极的人。有这样一个统计数据：普通人都是在不积极和不消极的生活状态中生存的，这个人群的百分比占到80%；有积极心态的人只有20%，而这20%的人却占据了世界上80%的资源。因此，如果你每天都在思考怎样更加积极地面对社会、解决问题，你就会生活在这20%的好心态阶层中。

我相信，在座的每位同学都能做到积极生活。我曾经有过很被动的时候，但后来把生命转向了主动，才有了今天的时光。新东方有1万多名老师，每年有200多万学生，这里面一定有某种能量，而这个能量，说简单点，就是新东方老师在学生中间散发出来的热情，他们像火炉一样吸引你在寒冬的时候来身边烤火。这，你们也能做到。

第二句话叫作“有事做”。

现在，同学们都很幸福。每天早上一起来就知道要背单词读英语，听几道听力题目，或者是写篇作文，这就叫“有事做”。生命不是由你一辈子的理想构成的，理想尽管很多，但它不构成你每天的生命。一辈子，到底会在哪棵树前停下来，会在哪座山脚下看风景，我们都不知道。生命会有很多改变，但有一点我们可以做到——每天到底干什么，主动权在我们手中！今天你想干吗，由你的脑袋决定。你可以出去玩，也可以背单词；可以和朋友一起喝酒聊天，也可以和朋友打架。这完全由你自己决定！把每一天过好，就把这一辈子过好了。

我非常庆幸自己即使在大学最迷茫的时候也坚持每天学习，当时完全不知道为什么要学习，但是我知道，所有的这些东西加起来可能有一天会给我一个答案。这个答案就在你每天的艰苦学习中，结果会慢慢地显露出来，这就是“有事做”。“有事做”很幸福！

第三句话就是“有所期待”。

大家都知道，人和动物的区别就是，动物是自然生长、自然变化，而我们却能设想明天的到来。今天，我们可以想象明天；今年，我们可以想象明年；20岁的我们可以想想40岁时是不是能够有一个更加不同的生活，并为此付出努力。

在期待中，我们成长；同时，期待也给了我们更加努力的动力。我们期待未来更加富有，有房有车；期待未来有更多的人成为你的朋友，期待未来有更好的社会地位，甚至期待未来能够成为为世界做出贡献的杰出科学家、思想家、政治家，或企业领袖。期待是一点一点叠加的，每天的生活看不出变化，但是人生加起来，就会变成一件大事。

我们的期待，不仅是期待自己，还要祈祷家人能够更加平安，父母能够更加身体健康。只有他们身体健康了，我们才能没有后顾之忧，才能背上行囊走遍世界，才能更加开心。同时，我们也期待祖国更加繁荣富强。因为繁荣富强的祖国会给我们力量和信心，支持我们走遍世界。

20年前，我去美国大使馆办签证时，每去一次，都被拒签一次。我问签证官："What is the reason？"他说："No reason。"很简单，因为你贫困，所以无须理由，因为你的祖国没有你去了国外还有吸引你回来的理由。所以，去一次拒签一次，连续拒签了3年。

今天，不管是去旅游，还是去留学，甚至是去定居，只要你给出合理的理由，他就一定能给你办签证。现在，世界各国给中国人的签证比例高达95%，而我们那个时候大概只有25%。这说明了什么，说明祖国的强大使我们的生命更加扩展，也就有了更大的世界舞台去奋斗。

未来，可能很多同学会在国外工作，不是为国外的机构工作，极有可能是中国机构派你驻外，变成某个国家的分区总经理。现在，我的很多朋友都已经把公司开到了世界各地，我们有了一个世界舞台。所以，就让我们一起期待，期待我们的未来更加美好，期待我们的父母更加健康长寿，也期待我们的祖国更加繁荣昌盛。让我们一起走向未来，走得更好！

谢谢大家！

第二节 撰写和设计演说稿

总体目标：撰写演说稿的基本要求

演说，是一种精神的传递、思想的熏陶，领导者如何征服听众？不提前做准备，任由思想肆意而为、想到哪里就说哪里、想怎么说就怎么说，这是无法取得理想的演说效果的。兵家常说：“不打无准备之仗！”在演说的战场上，要想旗开得胜，也必须要有所准备。

打仗讲究的是，兵马未动，粮草先行；演说则是演说稿先行。条理清晰的演说稿，是制胜的重要保证！

演说稿是领导者在演说之前提前准备的文稿，其好坏将直接影响到演说的成败，是演说内容的主要依据。对于非即兴的演说来说，想要做一次成功的演说，定然需要精心准备演说稿。因此，企业领导者一定要知道演说稿的写作要求：

1. 精心准备，内容有条理。

演说效果的好坏，主要取决于演说内容能否对听众的思想和行为产生影响。若想实现这一点，首先就要精心准备。古语“凡事预则立，不预则废”“宜未雨而绸缪，勿临渴而掘井”都说明了做事需提前准备的重要性。同样，只有精心准备、认真撰写演说稿，才能让自己的演说取得最令人满意的效果。

2. 理清主旨，围绕中心展开。

在一次演说中，如果涉及的内容非常多，听众很可能会抓不住主旨，所以如果想让听众清晰地知道你想表达的思想是什么、提倡什么或反对什么，演说稿就一定要有明确的主旨；主张一定要鲜明，千万不能模棱两可、含糊其辞。

为了使演说稿的主旨明确、中心突出，演说稿的撰写一般可采用一些方法（见表3）。

表3　演说稿抓住主旨的撰写方法

方　法	说　明
直接把主旨设置为演说稿的标题	这种方式最能给听众留下深刻印象，直接点题，明确演说主旨，因此被许多演说者所采用
尽量让主旨单一化	主旨单一就可以“提神”。除了学术性演说或某些事务性演说外，普通的演说尤其是简短的演说，最好是明确一个主旨
演说材料要为主旨服务	演说稿的主旨是联结全文的主线。材料、语言、结构、表达方式等都是为主旨提供服务的，主旨是对这些材料思想意义的概括与升华，如果想取得理想的演说效果，就要将材料注入并体现出主旨的灵魂

3. 适合于现场调控。

演说稿的内容，要照顾到对听众的现场调控，因此要适当预设一些可以触发听众的想象、经验、情感等的兴奋点，使演说张弛有度，使听众积极参与其中，更好地实现现场交流。

在鲁迅的演说《文学与政治的歧途》中，有段精彩的插曲：

北京有一派人骂新文学家，说：“你们不应该拿社会上的穷人和人力车夫做材料。你们作诗作小说应该用才子佳人做材料，才算是美，才算是雅，你们为什么不躲进象牙之塔？”

可是，现在他们也都跑到南方来了。因为北京的象牙之塔已经倒塌，没有人送饭给他们吃，不能不跑……为人生的文学家，平时就很危险，到了革命时，死的死，流落的流落，因为他们的感觉比普通人更敏捷。他们看到的、想到的，普通人都无法了解，他们的境遇是困苦的，因此能够看到其他的困苦。

这段文字不仅成功地表达了演说内容，而且照顾到了现场的调控。开始时，用“你们为什么不躲进象牙之塔？”引起听众的期待；之后，用一个“但”字便转到他们只能逃到南方混饭吃。在这里，用“行”驳“言”，确实非常机智。接着，又用文学家的艰难处境做比较，含蓄地对文学家进行了赞扬。

这段演说看似随意，其实为了调动起听众的积极性，很多内容都是精心思考过的，比如：先谈什么、后谈什么、怎样说，材料的选择与排列组合。

4. 结构合理有序。

这里的结构合理，主要包括两方面的内容：

（1）协调和谐。

协调和谐是演说稿的基本要求。平常写文章时有“凤头、猪肚、豹尾”这样一个说法，这个原则其实也适用于演说稿的结构。

（2）简洁明确。

演说稿不同于一般文章：通常，文章的结构层次要复杂一些，读者可以反复阅读品味，只要经过分析就可以掌握；而演说稿则是通过口耳相传，信息是口述的，具有即时性的特点，稍纵即逝，容易被遗忘，因此演说稿一定要简洁明晰。

假如演说结构复杂，听众的大脑跟不上领导者的思路，就会思路紊乱，就很难理解领导者所说的内容了。为了使演说收到最好的效果，应该尽量简化演说结构，特别是长篇演说更应该使结构简明化。

5. 保持一定的风格。

演说稿的风格，应该尽量符合听众知晓的风格。当然，为了增强风格色彩，也可以使用一些在日常说话中不经常使用的却又可以被听众所接受的词语。不过，这种情形最好维持在最低限度。

6. 入情入理，情理交融。

在演说稿中，情、理是非常重要的。动之以情，晓之以理，是演说成功的基础。所以，在演说稿写作中，能否做到入情入理，是演说成败的关键，是重中之重。

演说稿中的“理”，一般是经过时间检验的客观真理，或者是高尚的人生哲学或伦理道德观念，又或是有益于推动社会改革的工作经验，这些都是演说稿的精髓、灵魂与支柱，也是吸引听众的关键所在。

听众分析：把握听者心理，把话说到对方心里

就像美国前总统林肯说过的：“当我准备发言时。总会花三分之二的时间考虑听众想听什么，只用三分之一的时间考虑我想说什么”。不论哪种类型的演说，最重要的就是听众对演说的接受，因为听众才是演说的中心人物，因此对听众进行分析就显得异常重要了。

美国心理学家菲利普·津巴多曾说：“从某种角度而言，每个人都是心理学家。我们都会为了理解他人的所感所想而研究和分析其行为，并且试图对他的下一步行动做出预测。”优秀的演说者更是一名心理学家，通常都能分析出听众的心理，并根据听众的需求，选择合适的演说内容，短短一段演说，就能打动听众的心。

自古以来，我们就明白“知己知彼，百战不殆”这个道理，打仗如此，演说也是如此。1972年，尼克松总统访华时，在答谢宴会上他做了这样的演说：

昨天，我们同几亿电视观众一起看到了名副其实的世界奇迹之一——中国长城。在城墙边漫步时，我想到了人们为了建造这座城墙而做出的牺牲；我想到，它所显示的在悠久的历史中始终保持独立的中国人民的决心；我想到一个事实，长城告诉我们，中国有着悠久的历史，建造世界奇迹的人民也有着伟大的未来！

在这篇演说词中，尼克松大力赞扬了我们国家引以为豪的长城，自然

可以博得中国人的好感，这样就间接地淡化了两国政府的政策分歧所造成的阴影。此外，这段演说还围绕长城说了几段话，使“拆除我们之间的这座城墙”这个蛮严肃的话题变得轻松了许多。敏感的听众立刻就会意识到，尼克松在这里选择长城作为演说主题是花了一番心思的。

听众的种族、年龄、性别等各具特点，他们的意志、情感等心理也是各不相同，再加上境遇、文化、教养等不同，领导者要想让自己的演说引起听众的共鸣，就要在撰写演说稿的时候认真分析一下听众的心理和需求，多说一些听众愿意听的话。

当然，在撰写演说稿时，还要根据听众的身份种族、职位高低、知识结构、文化水平、生活习惯等特点，来安排演说内容。如果演说针对的是年轻人，就要多谈一些时尚的生活话题；如果听众多是老年人，就要多谈一些和健康保健有关的话题；如果针对的是客户，就要多聊一些跟客户利益相关的内容；如果针对的是下属，就要多说一些跟下属职业发展相关的内容。

常言道：“一方水土养一方人！”每个地区的文化、环境不同，也就注定了不同地区的人性格完全不同。比如：东北人，生长地域辽阔，视野辽远，所以一般都豪爽大气；陕西人，生长在黄土高原，人与人之间往往需要大喊才能听见彼此说话的声音，所以他们的歌声高亢嘹亮；上海人，早些年上海人都生活在里弄小巷中，人们一般都不大声喧哗，所以说话比较温柔，轻声细语……

在人与环境的相互改造中，人与文化之间也实现了彼此的造就。所以，在准备演说稿时，要有针对性，要多了解一些听众的信息，认真分析，为我所用。

1. 了解听众的具体信息。

首先，要清楚地知道听众的人数。听众数量的多少决定着演说的诸多方面，比如：假如人数多，最好使用麦克风；人数比较少，则多半是非正式演说，适合于大规模演说的方法就不要在这种场合使用。

其次，要了解听众的综合特征。例如，听众彼此之间是什么关系？他们有共同的兴趣吗？他们来自同一团队吗？他们的年龄范围是多少？受过哪些教育？……这些信息都可以作为构建演说内容的基础。

2. 了解听众的期望。

通常，优秀的演说者都非常清楚，听众为什么来听自己的演说，自己的演说哪里能吸引听众。例如：听众对我的主题感兴趣吗？他们期望我说什么或做什么？他们期望学到什么、看到什么，或听到什么？他们是否能够接受新鲜事物？……对于这些，作为领导者的你也一定要做到心中有数。

3. 了解听众的需要。

演说之前，领导者要明白，你期望听众对你的演说保有一个什么样的态度？忽视了这个基本原则，会导致听众在台下坐了几个小时后，根本不会在意你在台下准备了多少时间。而如果可以将演说在保持精华不流失的情况下缩短时间，人们多半会认为你是一个天才！

选题立意：明白拟定演说提纲的重要性

只要一站在讲台上或者会议桌前，每分钟都不能浪费，总裁的每句话都要有特定的意义。而要想做到这一点，首先就要列个提纲，打好草稿，确保每句话都在为演说主题服务，不浪费任何一分钟的时间。

演说前的准备工作很多，编列演说提纲是其中非常重要的一环。编列演说提纲是成功演说不可缺少的因素，作为临场发挥的重要依据被很多企业领导者所看重。

现实中，许多总裁在演说时都不愿意列提纲。理由十分简单：我很忙，没有时间！我想说的是，制定提纲所花费的时间绝不会白费，这也是准备演说过程中最值得花的时间。

列出演说提纲，就能将“腹稿”的条理逻辑用文字固定下来，演说时就不容易遗忘掉精彩的内容了；同时，还可以帮助对“腹稿”加以修改、完善、补充，使整个演说过程的构思更加周密、完美。提纲，能够为演说规划出有理、有据、有序的蓝图，最终为演说的成功打下坚实的基础。

另外，列演说提纲还可以培养演说者认真研究问题、仔细思考问题、全面看待问题的能力。在撰写提纲的过程中，领导者必定处于思维紧张的状态，要认真推敲演说中需要注意的问题，比如：演说宗旨是不是正确、演说材料是不是真实、演说层次是不是清楚、演说的前后段落衔接是不是合理……，而要想找到这些问题的答案，就要全面分析演说中会出现的问题，才这样更有利于提升思维的条理化和全面化。

由此可见，列提纲不是浪费时间，它可以有效保证时间不被浪费；列提纲也不是可有可无，列提纲能保证演说的顺利进行！

1. 设计一篇好的演说提纲。

怎样才可以设计一篇好的演说提纲呢？大多数的情况，需要考虑以下几方面内容：

（1）拟好演说标题。

一般来说，演说稿都有且只有一个标题。不过，少数演说不仅有正标题，还有副标题与插题。一旦出现这样的情况，就要分别列举出来。

（2）编列演说的中心论点和分论点。

通常的演说，不仅有中心论点，还有许多分论点，分论点甚至还会分出许多更小的论点。编列演说提纲时，要把这些论点在演说提纲中明确、清晰地显示出来，比如：哪个属于中心论点，而哪些又属于分论点；在这几个分论点中，哪个应该放在演说的前一部分，哪个又应该放在演说的后一部分。

（3）列出演说所需要的各种材料。

演说中需要用到的材料有：事实材料、事理材料和参考材料。其中，事实材料主要是指例证、实物和数据等；事理材料主要是指科学原理、法律条文、科学定律、相关文件规定以及名言警句、典故成语等；参考材料是指演说时需要的与演说内容有关的一些备用材料。如果想让自己在演说中信手拈来，就可以把这些材料摘列在提纲上，也可以在提纲上做个标记，然后另外制作一些卡片，还可以整理绘制成图表。

（4）认真编排内在逻辑联系、演说内容和演说层次。

为了防止在演说时出现杂乱无章、轻重倒置、前后脱节或残缺不全等情况，领导者要对演说的内在逻辑联系、演说内容和演说层次的先后顺序等进行认真编排。如果演说结构层次复杂、信息量比较大，就要分清内容的前后位置。在这里，有个内在的逻辑联系问题，不能随便颠倒。

（5）重视演说的开头和结尾。

之所以要在演说提纲中标清怎样开头和结尾，是因为演说的开头和结尾对演说是否可以获得成功有着极大的影响。所以，编列演说提纲时切记要考虑：采用何种方式开头和结尾，才可以获得演说的最佳效果。两部分的内容虽然在通篇演说的比例中所占份额不大，但其作用却需要我们重视。

2. 注意演说稿的逻辑性。

演说稿的写作还要讲究逻辑性。具体来说，要注意下面几点：

（1）全文需要是合乎逻辑构成的整体。

对演说稿的逻辑要求是：概念要准确，判断要恰当。推理论证，要遵守一定的逻辑规则和规律，整体安排应该有内在的必然联系。假如一篇演说稿在逻辑上杂乱无章，听众根本就没有明白你想要讲的是什么，如何能让听众信服？也就无法达到预期的演说效果了。

（2）注意层次间、段落间、句子间的联系。

演说稿的编撰要正确体现选择、递进、转折、假设、并列、分合、目的、排除、条件、因果推演等段落句子之间的关系。要做到无懈可击，体现出严密的逻辑关系。

（3）用有充分的论证提高说服力。

通常，人们都不会轻易接受未加论证或者论证不严密的观点。说理为主的演说稿，更需要经过充分的论证，尤其是提出独特的见解时，必须要经过严密论证。

谋篇布局：说话分先后，听众才能听进去

虽然说，万丈高楼平地起，可是，如果没有经过精心设计，没有略图、详图，毫无章法地施工，楼房是建不起来的；即使建成了，也会岌岌可危。布局的重要性由此可见一斑！同样，出色的演说也是离不开谋篇布局。

所谓谋篇布局，重点还在于“谋”，也就是说，演说稿的设计既要切合主题，又要照顾演说内容。有好的演说稿，演说时就会条理清晰、层层深入，一步步打动听众；演说稿布局不好，或者干脆不“谋”，只会让你的演说漏洞百出！

“三分演说，七分文！”一场演说成功与否，首先取决于演说稿是否成功。因此，总裁在进行演说时，必须先写好演说稿。可是，在当众讲话或即兴讲话时，很多总裁都不知道该从何说起，无法在最短的时间里整理出条理清晰的脉络，不知道怎样讲话才是有观点、有条理、有重点。那么，怎样才可以达到这“三有”境界呢？首先就要搭建一个框架。

有些企业领导在设计演说稿时会忽视这个道理，张嘴就讲，想到什么说什么。尽管有时候在心里打了腹稿，也排了顺序，可是一讲起来就完全忘了章法、思路混乱。这种状况，是演说的一大忌讳。

这里有段小米公司董事长雷军在2013年金山年会的致辞，让我们来看看他是如何布局演说稿的。

我觉得，2012年的金山必将载入金山25年的历史。原因有三：

第一，金山在2012年解决了公司遗留的顽疾——业务繁杂，子公司基本成形。具体表现在：自公司2011年实施子公司化战略以来，各子公司的领导架构都更加明确，完成了相应的团队配套，明确了各个子公司的主营业务。也就是说，各个子公司的思路都比较清晰，都知道该如何打仗。在如此残酷的市场竞争中，金山网络制定了“两横两竖”发展战略，这是他们去年最大的成果；去年WPS有4000多万的活跃用户，特别是手机版有1000多万用户，并在几十个国家占据同类产品的头把交椅，我感到很自豪，我终于有了可以成为业内第一的产品；去年在网游整体低迷下，《西山居》居然实现了100%的增长，在同类产品中十分了不起。再加上金山云形成了“3+1”的业务布局，只要我们厘清思路，金山云就有可能比阿里云、腾讯云更有机会。

第二，我们基本上已经拿到了移动互联网的船票，但离真正完全拿到船票还有距离。哪怕现在是五等舱的船票，将来也一定能拿到头等舱的船票，对这一点我十分有信心。

第三，各业务在以下几方面做得比较出色：关注产品品质、关注产品细节、关注用户体验。无论是《剑网三》，还是猎豹浏览器，其成功都说明了这一点。在昨天的会议上我对两件事表达了充分的认可：一是《剑网三》的制作人郭炜炜在全国各地请玩家吃年夜饭，创意很好；二是猎豹团队专门开辟了免费的春运大巴，送老乡回家。这两件事都说明，我们都真心地把用户装在心里，放在身上。把产品做好，创造口碑，这两点也一直是我在小米所倡导的！

……

雷军的这篇演说稿非常不错！条理清楚，听众可以轻易地抓住演说的重点。由此可见，成功的演说，必定是有逻辑的、有条理的、思路明确的。因为只有这样，才可以紧紧抓住听众的注意力，才能让听众感到有所得。

演说时说话颠三倒四，滔滔不绝演说完之后，听众依旧处于不知所云的状态，如果遇到这样的状况，你会怎么办？相信任何一位企业领导都不愿意这种情形发生在自己身上。那么，怎样才能让演说语言有条理、有顺序呢？

1. 首先要对总的内容做个总体概述。

想要让听众觉得你的演说内容有序可查，首先就要对所要讲的内容做一个总体概述，让听众清楚你接下来要讲什么内容，并做好接收内容的准备。最简单明了的方式就是，直接告诉听众你要说什么。当然，在做完总体概述之后、讲具体内容之前，还要指出下面的内容要分成几个部分。这样，听众就会对此次演说有个总的了解，当你说下面要讲哪个部分时，大家自然就会有所准备。

2. 演说主体分好序列，有步骤地进行。

在演说时可以将主要内容分成具体的几个部分，每部分都可以用“数字+关键词”的方法表达出来，如：“第一、第二、第三……”。

（1）仅列出少量数字。

仅分出一个“一、二、三”就可以了，层次太多，会让听众觉得复杂，不利于听众接受。如果演说内容不太多，只要说三点即可，听众也会觉得内容合适且不啰唆。当然，“三”也仅仅可以用作参考，千万不能为说三点而说三点，如果内容需要，也可以做出适当调整。

（2）抓住关键词。

关键词，相当于文章的小标题，是对这部分内容的大致概括。就像是给这段内容起了一个名字，有了名字就更方便记忆了。关键词的字数最好相同或相近，不要差太多。如此，看起来才会既美观，又方便听众掌握；假如可以押韵，效果就更不错了。

3. 对整个演说做好归纳和总结。

归纳总结是演说中必有的环节，是对整个演说内容做的梳理性工作。这对于演说的形式十分重要。单凭耳朵听，没有实际资料，听众非常容易忘记你所讲的内容，因此为了加深听众的印象，在演说结束前就要再做一次重点提示。

柳传志：企业过冬要制定不同的战略目标

2008年12月26日，“中国民营经济发展三十年高层论坛”在北京举办。论坛针对民营经济发展问题进行了探讨，柳传志做了这样的发言（内容有删减）：

黄主席、全书记，各位领导、各位朋友，前面黄主席、历老师都在站在很高的高度谈经济、谈民营企业的发展，肯定对大家都很有指导意义。我自己是具体做企业的，谈的角度很低，谈得不合适请大家批评指正。

前不久在一个民间的论坛上，我跟几位朋友坐在一起，跟一个从国外回来的年轻企业家进行了讨论。他说，改革开放30年，为什么要把共产党的政策改革、环境改革提高到如此的高度？还总是挂在嘴上。他觉得，这是历史的必然，各国都是这样。

这个想法，基本上在座的各位都不同意，我也不同意。我比在座的都虚长几岁，所以过去30年是什么样、40年是什么样、50年是什么样，我都记得清清楚楚。那时我们国家极度贫困，老百姓生活极度贫困，政治上虽然极度进步，但跟今天相比真的让人觉得恍如隔世。所以，老话讲，面对同样一碗红烧肉，两种人的感觉会完全不一样。没挨过饿的，和挨过饿、差点饿死的，感觉肯定不一样。

再有，改革开放的这些年，国家已经从以阶级斗争为中心的国家改为以经济发展为中心的国家；从计划经济体制的国家改成现在的体制……，中间遇到过多少困难、多大的风险，这些东西我们都是亲眼看到过，因此我们更知道感恩。

再有，邓小平说让少数人先富起来，富起来干什么？富起来后，要回家拉穷兄弟一把，不然就是不仗义。也正是因为这个原因，我和同事还有在座的各位，都在要求自己要做好人、做好事，这就给企业提出了更高的目标和追求。

联想办到今天已经有25个年头，我们也取得了一定的成功。办了这么长时间，还能继续发展，我觉得有很多原因，但是最重要的原因还在于，有一个很高的目标追求。

从我们的角度看，中国经济改革开放应该分成两个阶段：

第一个阶段，90年代中期以前，国家计划经济的法制法规正向市场经济过渡，人民思想观念发生了大的变化，法制法规发生了大变化。在这个大转化中，一部分民营企业家利用转化的混乱淘到了第一桶金；有些人觉得，这种混乱局面会继续下去，便继续淘，想发点不义之财，结果现在大部分人都被历史淘汰出局了。但是，更多的民营企业，比如制造业，像广东派的、浙江派的、江苏派的，还有早期北京中关村派的等，都在艰难地稳步前行。

虽然当时的环境是扭曲的，但我们不断了解市场，不断学习管理知识。尽管民营企业资源很匮乏，但是凭着灵活的机制、更厚的资源，我们做了一件非常重要的事——国企改制。同时，我们也跟外企竞争，不过都是摸石头过河。我们主要是向他们学习，特别是向联想学了很多东西，为第二阶段的发展奠定了基础。

第二个阶段，中国准备加入WTO前后，一直到现在的这个阶段。在这个阶段，社会主义市场经济的法制法规逐渐规范，人们的观念也转变过来，社会由躁动状态进入到有序轨道，各行各业的民营企业都在利用各种资源低成本的优势在高速发展。

比如，联想。2000年以前，国家为了保护电脑工业、民族工业的发展，用高关税、批文等方式，不让外国企业电脑进口，以保护自己的民族工业，结果民族工业电脑水平质量越来越低，国外的电脑也进不来，严重影响了各行各业对信息化的要求。发现了这个问题，国家及时把关税由200%减到20%，同时取消了进口批文，国外大企业大举进入中国，各行各业从那个时候开始在信息化方面有了大的发展。

但是，却给电脑企业带来了极大的冲击。在资金、技术、管理、人才等方面都不如人家，怎么办？是继续做代理卖人家的东西，还是自己坚持打品牌？研究之后发现，不管人家多强，自己的管理都存在重大漏洞。1994年初，我们把自己的销售模式、业务模式、组织架构都做了大幅度调整，把29岁的杨元庆推到事业部领导岗位上，决心跟外国企业争一下。

……

目前，随着世界经济寒流的大潮，我国的经济发展也要积极准备过冬，企业怎么办？首先，要关心国家的大政方针。党和国家已经制定了大政方针，给我印象最深刻的有两点：第一，突出了发展是第一要务；第二，突出要以内需拉动经济。

企业如何过冬？我就结合自己的实际情况提两点建议：一是，制定上中下三种不同情况的战略目标，根据具体情况及时调整，保证不能突破底线，企业的现金流不能断；二是，借机苦练内功。每个企业，包括我们自己，在运行管理层面都有薄弱环节，现在我们有充足的时间来研究这些薄弱环节的形成和突破，比如：研发环节、采购环节、供应链环节等。除了运行层面的管理外，如果能在建班子、定战略、带队伍方面进行基础建设，一定会对企业大有裨益，为冬天过去、春天到来时收复失地做好准备。

这次全球经济危机，对中国而言，还有可能把坏事变成好事。如果能把以消费为主的内需拉动建立起来，减少出口在GDP的比重，国家就更和谐了，经济也不失衡了。而解决这个问题的关键就是，国家有钱没钱。这次危机会逼使各方面动脑筋、挖潜力……

很多中小企业正在渡过难关，渡过难关就是光明。对于中小企业而言，即使倒下去了，后面依然是光明。这只不过是你人生的一次磨炼，只要国家环境好、机会好，就有东山再起的机会。

改革开放的三十年，是中国现代史上最关键的承前启后的三十年。生在这个时代，一定不要辜负了历史交给我们的使命，让我们为中华民族的复兴、为国家未来的昌盛有一分热发一分光。

第三节
演说前的具体准备

预讲：完美的演说来自提前排练

“一切成功的演说，都来自于充分的准备！”不提前准备，迎接你的必然是失败！演说失败的原因有很多，但是都不能忽视了提前准备这一环节。

要想提高演说效果，需要准备的东西非常多，而预讲就是其中最重要的一个环节。不经过几次反复的预讲，就无法对演说时间进行有效控制，演说效果也必然会受到负面影响。

一旦整理好了演说稿，就可以准备进入预讲阶段了。

我们常常听人说：“台上3分钟，台下3年功。”演说也是这样！从大多数人的演说经验来看，台上1分钟的演说在台下大概要付出1个小时甚至更多的练习时间。所以，总裁在演说时，就要多加练习，锻炼自己的演说运用技巧。这时，你需要站在镜子前反复练习，或是将演说录下来，又或是站在朋友熟人面前演练一场。

例如，古希腊演说家德摩斯梯尼对预先演习十分重视，他曾经在地下室书房独自练习演说技巧长达3个月之久。甚至为了表明自己坚决不出门的决心，把自己的头发全都剃了。等到头发重新长出来时，也是德摩斯梯尼走出地下室之时。德摩斯梯尼因自己的努力最终成为优秀的演说家。

再如，李开复最开始演说时对自己提出了这样的要求：每个月做两次演说，每次演说都要请一个朋友旁听，鼓励朋友在演说之后给他提意见。不提前排练3次，他是坚决不上台演说的。

戴尔·卡耐基在总结自己成功的演说经验时说：“一切成功的演说，都是来自于充分的准备。”用我的话说就是：“没有准备，就是准备失败！”那么，什么才是最好的准备？就是时刻准备着！时刻留心收集素材，时刻注意在生活中练习，时刻准备发言。

任何一场顺利的演说，都是需要预讲的，因为通过预讲可以增加我们的信心，也可以减缓演说者的紧张，提高演说的呈现效果，帮助我们有效控制演说的时间，从而使得演说内容更加完善。只有做好了预讲，才能保证演说取得最优的效果。那么，如何练习预讲呢?

1. 大声朗读演说稿。

大声朗读演说稿，不仅方便理解，还可以纠正自己的发音。因此，如果想提高自己的预讲水平，首先就要大声朗读演说稿。千万不要像蚊子一样，小声发音。

2. 将演说练习做好录音。

为了反复纠正，可以将自己预讲内容录下来。之后，回放收听，找到问题，及时调整，纠正发音，直至自己最后满意，然后再进行第二步。

3. 找个听众来听你演说。

找个听众来练习演说，既可以锻炼演说者在人前的胆量，也可以请听众提出一些建设性的批评。之后，可以根据他们的意见选择性地进行演说内容的修改。

4. 及时收集反馈信息。

预讲的目的就是对现有的资料进行熟悉，还没有进行最后的润色修饰，所以要多向周围的人征求反馈意见。之后，再根据这些意见来完善自己的演说稿。

5. 排练时需要把控好时间。

每次演说之前，都需要对演说所需要的时间做到成竹在胸。对演说者来说，有两大禁忌：一是演说无聊；另一个就是超时演说。演说超时对听众来说，是一种无礼的行为。因为每个人每天都有许多事情要做，在你演说之后也许听众还安排了其他的事情。听众不会由于你延长了演说时间而对你心怀感激，其他的演说者也不会，主办方更不会。

假如你是演说新手，不论是带稿排练抑或是脱稿排练，都需要为自己的演说计好时间。之所以需要计时，是因为脱稿演说往往需要向演说内容中添加许多额外内容。把控不好时间，很容易会超时，所以要在自己可见的范围内放一个钟表，预讲时根据时间的变化来对相关内容进行增减。

会场：提前熟悉，做到心中有数

有道是："一方水土养一方人。"环境塑造人，环境影响人！孟母之所以要"三迁"，目的就是为了给儿子找一个适宜成长的环境。会场环境会影响到一个人的演说，对有的演说者来说，光线不好都会影响到当时的心情。因此，在演说中，会场这个环境就显得异乎寻常的重要了！

无数演说失败的例子向我们敲响了警钟：环境不熟悉，演说时很容易出现紧张等不良情绪。因此，唯有提前熟悉环境，才是最根本的解决办法！还有个例子：

有一次杨澜在上海主持节目，上台时被前面的电线绊倒了，现场一下哗然，有些人甚至等看她的笑话。可是，杨澜从地上慢慢站起来，轻轻拍了拍腿，面带微笑地说："我去过许多城市，主持过大大小小很多活动，今天来到上海才发现，上海的舞台非常高！"

听了杨澜的话，听众都笑了起来，都被杨澜的机智所折服。

杨澜是位著名主持人，有着丰富的临场经验，摔倒之前也许她就已经想好了该怎么说。对于普通人来说，就很难有杨澜这种临场应变能力了，一个小事故就可能导致演说的完全失败。有位知名企业家在回忆自己第一次做大规模的演说时肯定地说了这样一段话：

我第一次做大规模的演说，是给知名企业上百名高管做演说培训，我的压力可想而知。为了缓解紧张感，在演说的前半个小时，我就来到了现场，和工作人员一起检查电脑、PPT、麦克风、灯光，以及桌子、椅子的摆放等；然后，我还走上演说台快速熟悉了一下环境，把客场变为自己的主场。

临近开场的前一分钟，我又仔细检查了自己的仪表，最后深呼吸，以最佳的精神面貌走上演说台。看着熟悉的会场，我信心倍增，把自己最好的状态展现了出来。演说结束后，台下响起了不断的掌声，这是对我最大的鼓励与认可。

在现实中，经常会看到这样的情况：有些人在熟悉的环境可以从容不迫地侃侃而谈，清楚自己应该做什么，具体怎么去做；可是，一旦进入陌生的环境中就会倍加紧张，莫名压抑，甚至怯场，说话困难，肢体僵硬。为了防止发生这种现象，在演说之前，就要提前熟悉会场。因为，提前适应环境、进入角色确实可以减少在陌生场合及环境产生的紧张情绪。

1. 提前几分钟到会场。

提前来到演说会场后，需要了解的信息有：大概看一下会场的周围环境，看看有没有其他因素会影响到演说，比如有无噪声；确定讲台的位置，假设一下主持人介绍你时你需要站在什么位置，什么时候上台最合适；看看辅助工具是怎么放置的、听众的座位是怎么安排的，想下怎么站有利于与听众互动交流。比如：如果与会者共有60人，却订了一个容纳90人的会议室，就要撤掉30张椅子，听众坐得太分散，是不利于集中注意力听讲的。

2. 熟悉下将要使用的麦克风。

对于将要使用的麦克风，要提前试用一下，找到开关，练习说话，看看有没有杂音，音量大小是否合适。当然，走路时要注意话筒电线，不要被绊倒。

3. 了解会场的音像设备。

不论是投影仪、幻灯机，还是录像机，都应该确保它们可以正常使用，并且要清楚具体的使用方法。

4. 准备好用来书写的道具。

这时候，要检查一下，看看会场有你可供书写的道具吗？有没有白板？

假如答案是肯定的，就要考虑白板笔写出来是否清晰？如果不清晰，就直接换个新的。

5. 与组织者及主持人进行必要的沟通。

与组织者和主持人沟通，确定一下：具体流程如何？主持人是谁？你应该站在哪里？同时，要将自己准备好的自我介绍递给主持人，让对方正确认读你的名字。

情绪：调整情绪，以饱满的热情投入演说

对于情绪，相信大家都异常熟悉。在我们的工作和生活中，喜怒哀乐轮番上阵，有时候“太阳高照”，有时候又可能“阴霾密布”……。其实，情绪还是一种力量，比如：负面情绪可以将你拉向深渊，正面情绪可以让你获得正能量。

未来的钥匙，掌握在我们自己手中，关键要看你如何调整自己的情绪。在演说场合，一定要将自己的最佳情绪调动起来，以饱满的热情投入到演说中，如此所有的事情才会顺利易行！

我认识一个姓楚的老板。楚总的公司规模不小，有将近1000人。按理说，可以管理这么大一个公司的人，应该是能说会道的。事实上，楚总在平时，的确可以侃侃而谈，比如在喝茶、喝酒时，他的话最多，说得也很好，可是只要一上台演说就恐惧哆嗦，甚至不敢上台。

也许大家都不会信，公司成立十几年了，他居然都没有开过一次中层干部会议和全体员工大会。公司立刻就面临上市，路演演说必不可少，他火烧眉毛，不得不向演说专家求教。

还有一个企业家，私底下十分健谈，但只要对着镜头演说就会十分恐惧，脑门出汗，双腿发抖。他倒不是不敢上台，而是惧怕镜头。我私下问过他，为什么害怕演说？他回答说：“一看到镜头我就会莫名地紧张，头脑一片空白，不知道该说什么，之前打好的腹稿，却一句话也说不出来……”

不可否认，在生活中这样的现象是经常会出现的！有些人在台下口齿伶俐、侃侃而谈，可是一上台就会感到恐惧、紧张。造成这种情况的原因有

很多，有些人是因为不自信，有些人是因为恐惧人多，有些人是因为恐惧镜头，更有甚者是因为心理负担过重，怕出丑……，可是无论怎样，作为一名公司的负责人，公共演说必不可少。无论是什么原因，影响了演说的发挥，都是一种损失。所以，总裁在演说前，必须学会调整自己的情绪，将紧张、消极等不良因素完全抛开，带着饱满的热情投入到演说中。

只有充满热情，演说才可能充满激情，才可以使自己酣畅淋漓，才可以给听众带来能量与震撼。要想成为演说能手，作为总裁的你，就要克服这一点，调整好自己的情绪。开展演说过程中可以从以下几点来调整情绪：

1. 重视自我暗示带来的强大力量。

如果我们每天都用积极的语言来对自己进行心理暗示，这些积极的语言就会产生一种神奇并震撼人心的力量。积极、正面的语言可以滋润自己的心灵，我们有理由成为他人的榜样，有理由成为关键人物，有理由成为领袖。

为了让自己更加自信，每天都可以高声朗读：“我是最棒的！”“我是最优秀的！”“我是天生的演说家！”“我能激励每一个人！”“我能带领我的企业走向辉煌！”……坚定地相信未来，相信不屈不挠的努力，相信战胜死亡的年轻！相信未来，热爱生命！在潜移默化中，这些正能量就会慢慢渗透到你的潜意识中，让你每天都精神焕发、激情四射。

2. 大声喊出来，也能消除自卑感。

在大喊的过程中，你的声音会变得越来越洪亮，视觉、听觉、感觉等第一信号系统会被迅速调动起来。大喊，不仅可以让人丢掉自卑感、增强自信心，还能够使你的口腔肌肉越来越发达。在这几年的培训过程中，我一直都让学员大声地喊着演说。通过大声喊的方法，很多人都收到了良好的效果。许多企业家朋友也通过这样的方法，大喊着演说，给自己树立起了自信，在公众演说中越发游刃有余。

3. 做个深呼吸，让自己进入最优状态。

所谓深呼吸，就是指胸腹式呼吸一起进行。这样，不仅可以排出肺内残气以及其他代谢产物，还可以吸入更多的氧气，提高改善各器官的功能，使得演说者保持更优的精神状态。当然，如果想将自己调整到放松的状态，除了深呼吸，还可以做一些简单的有氧运动，比如：扭扭腰、踢踢腿、跑跑步。每次演说前，我都会在后台做这些活动，有时候还会跳一段舞，算是预热，演说时就可以及时进入演说状态，快速带动会场的气氛，为成功演说打下优良的基础。

4. 多跟听众互动，转移注意力。

演说时，紧张不可避免，有的人甚至还会呼吸急促。遇到这种情况，就应想办法把注意力转移到听众身上。许多演说者上台演说之所以能够做到游刃有余、滔滔不绝，跟与台下的听众互动得好是有着紧密的关系的。一旦台上台下互动起来，听众的注意力就会得到转移。例如，为了转移听众注意力，我常常会提一些开放式的问题，如："王总，请您说说看"，或是请听众上台来做一下演示。

5. 饱含热情，用你的激情带动现场。

演说是信心的激发、情感的传递、激情的碰撞。饱含真情实感的演说，可以使听众"闻其言、知其音、见其心"！因此，唯有用真情实感和生命的激情去呼唤、敲击，才可以打开听众的心门，才能与听众的心灵产生共鸣。

演说充满激情，紧张的情绪便会慢慢消失。情感有了理性的束缚，就不会泛滥四溢；理性有了情感的渗透，就不会太过冷漠。

步骤：掌握演说的具体步骤

任何一个成功的演说都由三部分组成：自我介绍、讲故事、升华。三者缺一不可，也不能随意打乱。因此，在准备演说的时候，一定要掌握演说的步骤，层层递进，用开篇吸引人，用故事打动人，用道理给听众以启发。

一般情况下，精彩的演说主要包括三个部分：开篇（自我介绍）、内容（讲故事）、结尾（升华，以故事引申出道理）。三个部分同等重要，忽视了任何一个环节，演说都是不完整的、不精彩的。

1. 先来个自我介绍，让听众了解你。

演说时，不仅要让自己的意见或观点进入听众的大脑，得到人们的认同，还要使听众记住你，给听众留下良好的印象。当然，如果想要给大家留下一个好印象，就要注意自我介绍。

尽管自我介绍在整个演说中所占的比例很小，一般只有简短的几句话，却有着不可忽视的作用。要想出色地完成一次演说，首先要让别人认识你、了解你、记住你。如此，演说前的自我介绍就显得十分重要了。

精彩的自我介绍可以在最短的时间里给听众留下最深刻的印象，可以成功地与听众建立起交流的桥梁。如此，演说者在自我介绍时就能一鸣惊人，用寥寥数语抓住听众的心。

2. 在演说中讲故事，吸引听众注意力。

美国有这样一句谚语："事实使人知，真相使人信，只有故事令人永难忘。"讲故事是演说中必不可少的手段之一，这也是许多总裁很喜欢在自己的演说中讲故事的原因。

空洞无聊的演说，是吸引不到听众的，听众喜欢听故事。所以，在演说时，为了吸引听众，或者为了增加说服力，可以穿插一些典型的故事，将自己的观点糅到故事里面，让听众一边认真听故事、一边认真听你的演说和观点。从这个方面来说，一个精彩的故事完全可以成就一次精彩的演说！

在卡耐基训练班上，卡耐基先生给学员出了一个题目：成功之道。一位学员讲了两个大学同学的故事：

我的两个大学同学，一位个性保守、性格谨慎，在金钱方面比较在意，野心大。毕业时他曾在班级里很高调地说："我绝对不从最低级别的工作做起！"他抱着这样的心态一直等着天上掉馅饼。结果，5年后依然待在当初他很看不起的低级职位上。

我的另一位同学，他不是班级里学习最好的，但却是一个天生的交际家，性格也好，同学们都十分喜欢他。他没有野心，从最基层的职位开始做起，一边工作积累经验，一边寻找更好的工作机会。后来，他到纽约与别人一起开了一家公司，做房地产生意，经过许多年的努力，赚了一大笔钱。

不用多解释什么，大家都可以从这个故事看到什么是"成功之道"。美国知名脱口秀节目女主持人欧普拉曾经说过："故事，就是用语言画一幅画，然后你把这幅画，送到听众的心头上，让他看到的也是一幅同样的画面。"同样的道理，有的人讲就会枯燥无味，有的人讲却可以讲得生动有趣。重点就在于，能否运用讲故事的方法来丰富自己所想要表达的重点。

3. 引申道理，提高说服效果。

俗话说："编筐编篓，重在收口；描龙画凤，难在点睛。"演说的结尾，就是编筐编篓的"收口"，就是描龙画凤的"点睛"。拿破仑说过："兵家成败决定于最后5分钟。"可以肯定地说，演说的成败在很大程度上在于演说的结尾。

假如你本来已经精心设计安排了演说的开头和高潮精彩的故事，但是到了最后，却出了差错，这样的演说也不是精彩的。但假如可以让听众听到一个意料之外、耐人寻味的结尾，定然能够给听众带来一种精神上的愉悦和满足。

总裁演说的最终目的就是希望与听众达成共识，使听众改变态度，激起听众的行动。演说，不论是宣传自己的主张、观点，还是传播道德伦理情操，抑或是传授科学文化知识和技艺，最终的目的就是让听众认同自己的主张、观点和立场，以达成共识，并在这个基础上引导听众的行动。因此，总裁在演说的最后一个篇章，切忌不可忽略讲道理的环节。只有道理讲明白了，讲到位了，才真正达到了演说的目的，你的演说才会具有号召力。

实践：亲身体验演说的四个阶段

没有谁天生就是演说家，只要你多抽些时间训练，也可以成功地开展演说。正所谓是“演说家都不是天生的，但是人人又都是天生的演说家”。演说家与非演说家差的仅仅是个人演说潜能的发掘。

优秀的演说家不是天生的，但是每个人却都是天生的演说家。

要想从非演说家跨越到演说家，就要重视实践。实践是检验真理的唯一标准，也是检验你是否是一个演说家的唯一标准。实践是个过程，每个人都要经历；在这个过程中，不仅可以让我们不断地发现问题，还能够激发我们不断地完善自我！

法国的大文豪雨果说：“语言就是力量！”演说就是一种有力量的言语，它可以产生不可估量的力量。演说技能的掌握，需要亲身实践。一般来说，任何人在体验演说时，都会经历以下四个阶段：

1. 敢上台，但不敢说话。

处于领导岗位，很多人一站上台就不敢说话，担心自己丢人，其实根本没这必要。演说或做报告时，不需要过多地在意别人的评价，也不需要太过在意演说的结果，因为过程比结果重要得多。只要你勇敢地站在台上，勇敢地表达自己，就已经是成功的。

某教育集团冯总，小时候十分内向、害羞。但是，她学习十分用功，最终以优异的成绩考上了大学。在大学复习英语时，有一次她无意中发现，自己大声朗读时更容易集中注意力，学习效果也会更好。最后，她将这个发现告诉了舍友，让大家一起大声朗读。同学们都觉得这种举动非常“疯狂”，但依然很好奇。可是，她却不怕出丑，经过不懈的努力，成功过关英语四级考试。自此之后，她便踏上了奋力拼搏的人生之路。

凤凰卫视著名节目主持人窦文涛曾经说过："人要珍惜每一次当众出丑的机会。"当你从一个会害羞、会紧张的普通人，变成可以站到台上滔滔不绝时，也就真正踏上了演说家之路。

2. 分清主次，说话有条理。

在现实中，许多总裁一上台就会感到恐惧、紧张。之所以会出现这种状况，是因为上台后不知道该怎样组织内容，不晓得该从何处讲起、该讲什么内容，演说没有逻辑性、条理性，丢三落四，或是不停重复。这样的演说，不仅会让自己在台上倍感尴尬，还让听众听着也尴尬。

不清楚演说的技巧，不知道讲话的条理性，是演说的大忌。要想成为一名优秀的演说家，首先就要敢讲，其次要会讲，最后要做到有条理地讲，如此才可以更好地提高演说水平。

表4　演说中有条理地讲话的方法

方法	说明
注意讲话的逻辑次序	要根据时间、地点、因果、发展、历史、方位、流程、结构关系等方面来演说。只有按次序讲话，演说才会更加富有条理性
掌握分类表述的方法	要按事物、事件、内容的所属性质进行分类演说，同样也能提高演说的条理性
借助数字来表达	运用数字1、2、3或第一、第二、第三等来表达，能让听众一目了然，给听众留下演说富有条理性的感觉
提炼想要表达的内容	要运用最简单的同类字、词、词组来对思想和内容进行高度总结
使用形象化的语言	要给不生动的理论内容披上一件真实的、清晰的外衣，如此，讲起话来也会活泼很多、形象生动不少

3. 把握说话分寸，说到位。

在演说时，需要言之有度，就是指要注意说话的分寸，说话时要考虑到谈话的对象、话题和语境等诸多因素。只要将分寸掌握好了，即使是一句很简单的话，也会增加许多分量。

我们常说："一句话能把人说笑，一句话也能把人说恼！"只要掌握了以下几个锦上添花的说话技巧，便能把人"说笑"。

（1）说话要注意分寸感。

在演说的过程中，说话要有分寸，认清自己的身份，考虑适当的措辞。要知道，哪些话可以说，哪些话不能说，应该怎样说才能获得最好的谈话效果。另外，说出的话要客观，不要夸夸其谈，不要断章取义；讲话要真诚，要保有善意，不说刺激伤害别人的话。

（2）说话要尽量说到位。

要清楚什么时候说什么话，为什么这么说，说了就要为自己说过的话负责。不是真材实料，没有自己的独特见解，说出来的话即使能吸引人，也是一时的，但不可能一辈子将人蒙蔽。

（3）掌握好尺度，留有余地。

为人处世，我们都说要给他人留有余地。其实，不仅待人处事，演说同样如此。

（4）要把话说得圆润。

太直白的话往往容易伤人，所以当我们为了某个目的发表演说时，就要讲究一些技巧了，比如：尽量说得圆润一些，不要太直白。太直白比较容易激恼对方，即便自己有理，也是如此。将语言说得圆润一点，就可以给彼此留下一定的回旋余地，从而达到演说的最终目的。

4. 为听众提供帮助。

演说是一个人事业成功的秘密武器，想要掌握和利用好这一武器就务必要做到：演说时，做到雪中送炭，演说的内容要为听众提供帮助。

很多演说者的失败，并不是因为没有做好充分的演说准备，而是没有吸引听众的兴趣。在一些形式主义的讲话场合中我们会发现，听众大部分只会关心那些与他们切身利益密切相关的事情，比如：调整工资、晋升职务、分配工作等。所以，如果想要引起听众的兴趣，就要了解听众的兴趣与切身利益，做到雪中送炭。无论是何种类型的演说，只要能够从听众的角度精心设计，就可以满足听众“对我有帮助”的需求。

积累：博览群书，见多识广

“不积跬步，无以至千里；不积小流，无以成江海。骐骥一跃，不能十步，驽马十驾，功在不舍。锲而舍之，朽木不折；锲而不舍，金石可镂。”任何事情的成功都不是随随便便的，成功就是一个不断积累的过程：积累经验、积累能力、积累成绩！

演说是一门多元艺术，演说者不仅要具有比较高的文化修养，还要具有专业知识、艺术修养，即使不是上知天文下知地理，但也要琴棋书画多样精通，说学逗唱都要了解。只要朝着一个方向努力，当量变达到一定的程度，必定会迎来质的飞跃！

如果想为自己的演说增添光彩，就应从读书开始！读书可以增长学识，只有把知识库填充满，演说时才可以做到信手拈来。

1924年5月8日，印度大诗人泰戈尔64岁寿辰。北京学术界代表在东单三条协和礼堂为泰戈尔举行了祝寿仪式。第一个登台的是梁启超，他向泰翁祝词：

泰翁让我替他起个中国名字。从前印度人称中国为“震旦”，源于“支那”的译音，其实选用这两个字有着极高的象征意味。从阴雾的状态中必然一震，万象复苏，丽日从地平线上涌现，是何等境界！

“泰戈尔”原文正合这两种意义，把它意译成“震旦”两字，再好不过。从前自汉至晋而西来的“古德”都有中国姓名，大半以所来之国为姓，比如：安世高来自安息，便姓“安”，支娄迦谶从月支来便姓“支”，康僧会从康居来便姓“康”，而从天竺——印度来的都姓“竺”，如竺法兰、竺佛念、竺护等都是历史上对文化做出过贡献的人。

今天当我们所敬爱的天竺诗人在自己所爱的震旦地方度过64岁生日，我用极诚恳、极喜悦的心情将两个国名联起来，赠给他一个新名，叫“竺震旦”。（全场响起热烈的掌声）

我希望我们对于他的热爱，跟着这名字，永远刻印在他的心灵上；我希望印度人与中国人的旧爱，能借“竺震旦”这个人复活起来！

从案例中我们可以看到梁启超的文化底蕴！

其实，能在讲台上侃侃而谈的俞敏洪、马云、李彦宏等一些商业大鳄，无不是在无人关注的地方已经读了很多书，比如俞敏洪。

俞敏洪很喜欢读书，不仅在学校时已读了大量的书，还将这个习惯一直保持到现在，只要有空闲时间，就会到书房读书。

据俞敏洪自己透露，他在北大读本科时，5年时间共读了大约800本书。从北大毕业、工作到创业，直至现在，大概又读了两三千本书；而且，现在依旧以每年60本书左右的速度继续读书。

到今天，俞敏洪已经做过很多演说，每场演说都十分精彩。每次只要他一登上讲台，不用准备演说稿，就可以出口成章、口若悬河。其实，这看似逆天的技能，都源自他平时的积累。很难想象，离开了这惊人的阅读量，他还可以站在台上挥洒自如地演说吗?

总裁演说的知识结构包括横向和纵向两个方面：横向包括文学、历史、政治、经济、科学、天文、地理等；纵向包括演说稿的准备、语调的变化、声音的掌控和相关态势语言的配合。总裁演说也不是轻而易举的事情，需要开阔的知识广度。

只有知识渊博，才可以在最短的时间里从脑海中找到合适、生动、形象的案例和恰如其分的词语，为自己的演说增添光彩。一个空空如也的大脑，又怎能做到侃侃而谈、旁征博引?

读书对演说内容的积累十分有益，主要表现在以下这几个方面：

1. 读书可以增加演说的素材。

著名主持人何炅说：“人往往通过两种方式来认识世界，一种是读书，一种是行走。”在读书的过程中，可以看到许多不同的思想和文化，还可以穿梭于不同的时空之中，见识不同时代、不同地域的风土人情。知道和了解的东西多了，演说时不需强行调动，自然就有需要的知识自动跳出来，完全不必有“没话说”的担忧。

2. 读书可以增添语言的吸引力。

书籍本身也是一种语言表达方式，只不过这种语言表达方式是通过文字来呈现的，通过作用于你的视觉神经，最后传达到你的大脑。多读书，相当于间接地多学习了一种表达方式。

3. 读书可以增强语言的说服力。

书籍和演说相比，最独特的地方在于体系完整、逻辑严密、结构清晰。而且，在读书的过程中，还会潜移默化地受到作者写作思维方式的影响，久而久之，演说自然也会变得更有条理、更具说服力。

4. 读书可以提高领导者的涵养。

书是人类的精神食粮！读书不仅可以带给我们丰富的知识，更可以与知识背后的深层次思想发生碰撞，产生灿烂的火花。不仅可以让我们学会怎样把话说得更巧妙更合理，还能充实我们的内心，学到做人的道理。

其实，演说最能够体现一个人的修养，一个能把话讲得“有理”且“有礼”的人，才是真正会演说的高手！

李彦宏：以史为鉴，可以知兴替

2009年中国（深圳）IT领袖峰会正式召开，近60名IT企业CEO进行了主题演说和论坛互动。以下是百度公司CEO李彦宏在此次峰会上的演说实录（内容有删减）：

各位领导、各位“数字中国”的嘉宾、各位媒体朋友们：

大家上午好！

非常高兴有机会在这时来到深圳，跟大家进行关于金融海啸后中国高科技产业走向的交流，在这里我要讲讲自己的看法。

“数字中国”这个活动已经进行了好多年，往年主要是闭门论坛，都是讨论一些很具体的问题，比如：互联网社区能不能进行有效合并，公司招人或者用人时应该外请空降的职业经理人还是自己培养起来的人才等。这次论坛变成了开放式论坛，应该讲点更加宏观的东西。

这次论坛是中国CEO到会最全的一次论坛，首先是因为深圳市本身具有强大的号召力。同时，我也觉得跟这次金融危机关系非常大。危机来临时，人们进行交流的愿望比以前更强烈了，更渴望跟其他同行进行交流。

每天有数亿人在百度搜索，他们搜索的关键词其实可以很好地表达出现在人们的需求。比如：去年9~10月份在百度搜索“金融危机”的频率就高了很多倍。去年一年，对于经济学家名字的搜索量也是比往年要高了很多。这说明，无论是高科技行业还是其他行业，大家对宏观经济的关注程度是空前高涨的，我觉得这也是金融危机所造成的。

这次危机自2007年11月份、12月份开始显现，在我印象中，那时候很多人还有不少幻想，买房子时没有人会觉得他的房子有一天会亏钱。这是非常明显的泡沫性想法。

我是学理工科的，很喜欢看数字，在2007年11月份、12月份时，美国道琼斯指数是14000点，现在降到7000多点；S&P标普指数当时是1500点，现在降到800多点；纳斯达克指数从2700点，降到现在的1500点；一年多的时间主要的股指降了40%多，所以金融海啸对于整个经济产生了非常明显、非常本质的影响。

但是与此同时，金融危机的来临、经济危机的来临，也使得越来越多人变得更加客观、理性去审视自己的业务，去规划自己未来的职业生涯、生活方式。从这个意义来讲，这不一定是坏事……

20世纪美国在线是全球最大的互联网公司，高峰时它的市值有1000多亿美金。这个公司发展了很多网络接入会员，后来构建自己的门户，卖网络广告，1998、1999年全球网络广告收入最高的公司就是美国在线。美国在线领导者认为，美国在线可以变成一个封闭的社区，互联网是一个没有规则的地方，普通网民没必要到美国在线以外见识互联网是什么样，只要待在我这里就可以了。所以，美国在线领导者把自己建成一个封闭的网络门户，以为这样就可以一直把用户留在这里，把用户每一分钱都赚到它的腰包。

后来，消费者越来越熟悉互联网，人们逐渐走出了美国在线，进入了真正的互联网时代。因而，美国在线后来逐渐没落了，2006年google投资美国在线时它的价值变成了200亿美金，缩水了80%。再后来，10亿美金有7亿多打了水漂，又缩水3/4价值。这是我们看到上一轮网络泡沫破灭后给互联网行业带来危机时一个受害的例子。

……

同时，仅仅专注也不够，还需要有创新。市场变化非常迅速，要不断地根据市场变化来调整自己的策略。2002年时我们做了一个闪电计划，全面提升中文搜索质量，很多大家现在习以为常的东西当时都是一个创新。比如：检索页面，以前在美国是没有的，现在大家觉得这很方便。

2003年我们推出了新闻搜索，在这方面有创新。这个新闻搜索不仅是新闻，也是一个很好的数据库，一直到今天客户仍然可以检索到2003年4月份发生了什么事情，从哪一天到哪一天，哪些媒体做了什么报道。

2004年我们发布了贴吧，使用人数也非常多。过去，这个东西在世界上是没有的。搜索一个关键词，就有一个相应讨论区，兴趣相同的人可以相互交流。现在，可能每一个搜索引擎，多少都有点类似的服务。2004年我们推出了贴吧，2005年推出百度知道，2006年推出百度百科，2007年推出视频搜索，2008年推出百度日本，今年在做阿拉丁……每年都有不同的东西适应变化。

很多时候，当我想起目前金融危机时，就会想起一句话，叫作“以史为鉴，可以知兴替”。2000年的网络泡沫是一次很有意义的历史事实。那次生存下来的公司，他们的做法，对于现在度过金融危机、经济危机都有着非常重要的借鉴意义。

互联网渗透率逐渐提升，2000年的互联网用户是800万~900万，今年是3亿多。互联网在中国经济的渗透作用越来越明显，每个公司都不可能完全与互联网隔绝。三五年后，如果哪个零售商还没有自己的网站，不能在自己的网站让消费者买东西，可能就生存不下去……

危机过后，中国高科技产业一定是一个更加具有竞争力的产业；危机过后，中国也会变成一个更加健康、更加美丽的中国。对此，我非常有信心！

谢谢大家！

第三章

正式演说
——行云流水，有理有据

第一节
莫让“开场白”成了“白开场”

开场白一定要解决三个问题

开场白之于演说，就像是定调之于音乐，规定着整个演说的风格与基本面貌。演说时，不管领导者准备了多少内容，不论演说内容多么精彩，最初的3分钟都是至关重要的。开场白做得好，后面的内容就能水到渠成；开场白较差，演说多半也会失败。

演说是一个奇怪的过程，在开始时就能看到结果。与其费尽心思在内容上下功夫，倒不如先设定一个好的开场白！

瑞士作家温克勒说：“开场白有两项任务：一是建立说者与听者之间的感情；二是如字意所示，打开场面，引入正题。”演说时，开场白不仅要在第一时间抓住听众的心，更为重要的是，要对听众说，自己演说的目的是什么，引入正题。

启航教育集团总裁杨彦涛，曾做过一次关于“如何将小孩培养为社会精英”的演说。在这次演说中，他是这样开场的：

各位朋友，大家好！

今天，非常高兴和各位谈谈中国青少年精英教育的问题。几天前，我看到一个报道：一个小学四年级的学生，每天都要带父母剥光了蛋壳的鸡蛋到学校吃。有一次，父母忘了剥鸡蛋壳，孩子差点憋坏了。他对着鸡蛋左瞅右看，就是不知道如何下手，结果放学后只好把鸡蛋带回家。母亲问他，怎么不吃鸡蛋？他回答：“没有缝，我怎么吃！”

各位，未来是精英的社会，只有让我们的孩子成为社会精英，才能让国家更加强大，让孩子有一个更好的发展空间。连自立的能力都没有，即使读再多的书，学再多的知识，又有什么用？因此，现在全社会都应该重视培养孩子的独立生活能力和战胜困难的勇气。因为，这是让孩子将来成为精英的第一步！

在这个开场白中，在杨彦涛发出“让我们的孩子成为社会精英”这样的主题之前，先告诉了大家一个四年级小学生不知道怎么吃鸡蛋的故事，一下子就拉近了自己和听众的距离，让听众有了兴趣。

再者，因为故事生动而且简单，大部分听众也都知道他要表达的观点内涵——父母一味地包办，只会害了孩子。孩子在遇到困难挫折时，根本就不知道该怎么办？这样，是完全培养不出精英来的！听众也就能够根据这个故事听到结论：没有独立生活能力、连战胜困难的勇气都没有的孩子，长大之后自然也就无法变成社会精英！

苏联作家高尔基说：“最难的是开场白，就是第一句话如同在音乐上一样，全曲的音调都是它给予的，一般得费力去设想。”这句话告诉我们：演说的开场白是至关重要的，就像是音乐中的定调，规定着全曲的基本面貌及基本风格。

确实是这样！演说时，妙趣开场，使用幽默而且睿智的口才，既能够营造出一种轻松的氛围，也能够奠定整场演说的基调，更可以调动起来听众的情绪，将听众带入到演说者所建立的演说情境中，进而取得良好的演说效果。

可是，开场白又特别不好把握，想要用最少的语言抓住听众的心，做一个成功的开场白，是一件非常不容易的事。那么，怎样才能成功开场呢？首先，是要明白自己要达到哪些目的。

一般来说，主要有下面三个目的：

1. 吸引听众的注意力，激发起听众的好奇心。

无论领导者有多少演说内容，演说最开始30秒都是非常重要的。不要小看这短短的开场白，因为这将决定演说的命运。听众会根据领导者给他们留下的第一印象，去决定能否耐心地去听演说。所以，只有使用独具匠心的开场及新颖的手法，才可以给听众留下深刻印象，才可以立刻控制住场上气氛，瞬间集中听众注意力，继而为接下来顺利演说搭梯架桥。

“台湾文坛第一狂人”李敖，不仅有绝佳的文笔，而且有非常强悍的口才。他思维敏捷，用词犀利，也不缺乏幽默诙谐的地方。2005年9月21日李敖来到北大，做了一次演说。整场演说都是幽默风趣，让人捧腹，为北大的师生留下了深刻的印象。他是这样开场的：

你们终于看到我了！今天，我不仅准备了一些金刚怒目的话，还准备了一些菩萨低眉的话。可是，看到你们的热情，我会多说一些菩萨话……演说时，最怕4种人：一种是根本不是来听演说的；一种是听了一半去厕所的；一种是去厕所不回来的；一种是听演说不鼓掌的。

李敖的话音还没有落下，场内已经爆发出了一片掌声。李敖并没有停下，接着说：

当年克林顿、连战等来北大演说时，是走着红地毯上台的。我在进门前也问：“我是否有红地毯？”校方回答说：“没有。因为北大把你的演说当作学术演说，就不铺红地毯了。”如果我讲得好，就是学术演说；若讲得不好，讲一半再铺红地毯也来得及……

这时候，全场听众又爆发出了一阵笑声，继而开始热烈鼓掌。

2. 概述演说的主要内容，让听众大致了解。

在开始演说后的几秒内，应该让听众对领导者要说的内容有一个大概的了解。不要因为说了几个笑话或者例证导致离题万里，而将根本的目标抛到脑后。

听众在开始的时候就知道了演说内容，接下来听的时候，才能更专心。如果领导者站在台上讲了很长时间，可是听众却不明所以，多半都会感到厌烦。一旦注意力分散，谁还愿意听你讲？即使你是领导者，听众是你的下属，也避免不了这样的结局。只不过，由于你是领导，他们不便也不敢尽早离开而已。

3. 向听众阐明演说的必要性，让听众重视起来。

就算你已经抓住了听众的注意力，表述明白了演说的话题，也是不行的。更重要的是，一定要告诉听众为什么要认真听你讲下去。

任何人都喜欢听对自己重要的演说或会议发言；在开始演说的时候，只有将其中的利害关系直接告诉听众，他们才会重视起来，才会集中注意力听你演说或开会。

语出惊人：此言一出，举座皆惊

在心理学中，有个著名的“第一印象”原理。这个原则告诉我们：人们经常会根据第一印象来对一个人、一件事做出判断。在听演说的时候，听众对领导者的判断，亦是如此。

作为领导者的你，如果站在台上，滔滔不绝讲了5分钟，却没有调动起听众的收听愿望，那你就已经失败了。优秀领导者都非常注重演说的“第一印象”，他们都会通过简短的话语，进入听众的内心，让听众为之产生心灵的震撼！

自古以来，就有“上有天堂，下有苏杭”的美誉。陈安之第一次到杭州做演说时，一开口就是：“杭州是我见过的最丑的城市！”

这样的语言，自然能让听众都为之震惊。听众也因这句话被吊足了胃口，整个演说过程，大家都在全神贯注听他讲“为什么杭州不美”。这是一个特别高明的演说者，若是开场就循规蹈矩地说“今天很高兴来到美丽的城市杭州”，不知道会有多少听众会去注意。只有那些一鸣惊人的开场，才能够快速抓住听众的注意力，起到立竿见影的效果。

开场白，就像是法国大餐前的开胃小菜，要想办法从“开胃小菜”开始就得到听众的好感。优秀的领导者会把自己的才华、睿智、幽默都融合到演说中，若没有抓住听众的注意力，没有激发起听众的兴趣，接下来的演说，就会处于尴尬的境地。

世界著名演说大师博恩·崔西曾经有过这样的说法：“人与人之间的沟通往往会产生一个第一印象。也就是说，开场白进行得好，可以给人留下深刻印象；如果开场白进行得不顺利，则可能让人们失去对他的兴趣。这比如初次见面的异性之间产生爱慕一样！如果在前3分钟双方就没有什么感觉，两个人成为恋人的概率相对会非常低。同理，开场白的前3分钟如果不能打动人心，后续的演说也就无法顺利进行下去；即使进行下去，也会让人觉得乏味。”

为了引起听众的重视，在开场白部分，领导者完全可以使用夸张手法或从不同角度去对自己的演说内容进行渲染。若想在最短的时间里将听众吸引过来，可以设置合适的开场白：或者对一个异乎寻常的场面认真描述，或者透露一个触目惊心的数据，或者描绘一个栩栩如生、令人感到新奇的事情，营造出一种“此言一出，举座皆惊”的艺术效果。那么，怎样才能做到语出惊人呢?

1. 合理使用名言典故。

恰到好处地引用富有哲理的名人语录，抓住时机抛出寓意深刻的典故，演说就会更具有声势和威力。演说时，可以直接引用先哲的名言作为开场白，为演说主旨做出事前的铺垫和烘托。事实证明，这样的做法完全可取。

2. 巧妙使用各种修辞手法。

精彩的演说一定要用最精美的语言包装，想达到这样的效果，就要发挥修辞的作用。为了突出意境，可以灵活使用比喻、夸张、设问、反问、借代等修辞手法，逐渐调剂语言韵味，提高听众的收听趣味；也可以使用对比、排比等整齐的句式去美化形式，增强演说的气势，让听众听得振奋人心。

设置悬念：人人都有好奇心

“演说中，设置一些悬念，可以引起听众强烈关注和急切期待。悬念设置得好，自然可以很好地激发听众的兴趣，抓住听众的耳朵，控制听众的思想，让演说收到奇效！”

好奇是人的天性，一旦对某件事物产生了疑问，就非要去弄明白不可。演说时领导者完全可以利用听众的这种心态，使用悬念手法。开头时，就制造悬念，引起听众的好奇心，深深地吸引住他们的注意力。

彭湃是我国无产阶级革命家，在海陆丰从事农民工作时，有一次到乡场上向农民发表演说。为了将匆忙农作的老百姓集合在一起，他左思右想。最后，他想出一个好主意。

彭湃站到一棵大榕树下，忽然大喊：“老虎来啦！老虎来啦！”大家听到，互相转告，纷纷逃散。没过多久，才发现，只是虚惊一场，之后都围上来责怪他。

彭湃说：“对不起，让大家受惊了。可是，我并不是神经病，那些官僚地主、土豪劣绅难道不是吃人的老虎吗？”然后，就开始对大家宣讲革命道理。这次演说之后，该地的农民运动工作很快就开展起来了。

为了将老百姓吸引过来，彭湃告诉人们“老虎来了”。人人都怕老虎，听到“老虎”二字自然就会赶快逃跑。可是，当他们发现是虚惊一场时，自然会向大喊的人追究责任。这时候，澎湃就巧妙地将人们聚集在了一起。之后，将官僚地主和土豪劣绅比作老虎，激起了人们对这类人的不满和愤恨，他的话自然就能引起人们的注意力了。

在小说写作中，设置悬念的开场，也是一种写作者非常喜欢的方式。

卡夫卡在《审判》中是这样开场的："一定是有人诬陷了约瑟夫·K，因为一天早上，他没有犯什么错，就被捕了。"格雷厄姆·格林在《布莱顿·诺克》中的开场白是这样的："黑尔抵达布莱顿还不到3个小时，就知道他们要谋杀他。"艾米莉·勃朗特在《呼啸山庄》的开场白则是这样的："1801年，我刚刚拜访过我的房东回来——就是那个将要给我惹麻烦的孤独的邻居……"

这些文章，都用短短的一句话作为开场白，巧妙地给整个故事铺设了巨大悬念，而这些悬念通常都需要用整本小说的内容作为解答。实际上，在开场白中设置悬念的方式有很多。

1. 即使是简单的小事，也要说得复杂一些。

如果想巧妙设置悬念，就可以将一些简单的事情解释得复杂一些，这里有一段演说互动：

演说者："各位听众，在演说开始之前，我想问大家一个问题，1+1的结果是多少？"

听众："问题太简单了，当然是2啦！难不成还有别的答案？"

演说者："各位伙伴，从数学上来讲，1+1当然等于2，可是很多情况下，1+1并不等于2。比如：工作时，工作量各为1的两个同事如果能够合作，最终能够达到的效果肯定会大于2……"

"1+1=？"连幼儿园小朋友都知道的问题，被堂而皇之地搬出来，听众肯定会产生疑惑，注意力也就被提问者吸引了。

2. 说些耸人听闻的消息，将听众胃口吊起来。

例如这则消息：

眼保健操残害中国青少年49年了，全世界仅中国做眼保健操，按摩毫无作用的穴位。49年来中国青少年近视率升至世界第二，达3.6亿人。殊不知，做眼保健操不但无法改善视力，还会导致各种疾病，比如学生由于手上的细菌而患上红眼病、眼部感染等。

听了这个耸人听闻的消息，相信听众的注意力定然能被吸引过来，继而静下心来，仔细地听接下来的讲述。

3. 正话反说，激发听众的好奇心。

曾经在网上看到了这样一个开场：

亲爱的朋友们，大家好！

站在讲台上，我不得不说，你们看上去非常“讨厌”！

这句话一讲，大家可能生气了。看看你们的脸色，真的印证了这句话：你们真是越看越“讨厌”——讨人喜欢，百看不厌！

这是一个非常巧妙的开场，说话者将“讨厌”解释为“讨人喜欢，百看不厌”。一开场就正话反说，违反常规，听众自然愿意继续往下听。

当然，制造悬念并不是故弄玄虚，既不能使用得太勤，也不能悬而不解。适当解开悬念，不仅能让听众的好奇心得到满足，还可以让前后内容互相照应，结构浑然一体。

一位老师举办讲座，会场秩序比较混乱，学生对讲座都不太感兴趣。看到这个情况，老师转身就在黑板上写了一首诗：“月黑雁飞高，单于夜遁逃。欲将轻骑逐，大雪满弓刀！”

写完后，他掉转头来，对学生说：“这是一首有名的唐诗，广为流传，又选进了中学课本。大家都说写得好，可是我觉得它有点问题。问题在什么地方呢？待会儿我们再谈。今天，我要说的题目是《读书与质疑》……”

这时，全班鸦雀无声，因为学生的胃口被吊了起来。讲座即将结束，老师说：“这首诗问题在哪里呢？很简单，不合常理。既然是月黑之夜，怎么看得见雁飞？严寒季节，北方有大雁？……”

这样首尾呼应，自然就给大家留下了深刻的印象，令人回味无穷。

巧妙自嘲：迅速拉近与听众的距离

自嘲是一种非常健康的心理活动，不仅有利于人与人之间的交往，还对我们的身心健康有益。对于领导者的演说来说，自嘲更是必杀技！

自嘲，是最高层次的幽默！

演说时，为了抛开自己高贵的面孔和良好的形象，勇敢地将最真实的自己展现出来，很多领导者都会自嘲自黑，为演说赢得出其不意的效果。

美国著名黑人律师约翰·罗克勤有出众的口才，也很有幽默感。1862年，约翰·罗克勤发起了一场“要求解放黑人奴隶”的演说，听众都是白人。他的开场白简洁而幽默，却有深长的意味，让人忍俊不禁，也令人深省。约翰·罗克勤一上台，就自嘲自己的肤色：“女士们，先生们，我来到这里，与其说是发表演说，还不如说是给这一场合增添了一点点‘颜色’……”此言一出，台下的听众就哄堂大笑，紧张的气氛也一下子缓和了下来。

当时美国的情况，黑人演说家出言稍有不慎，就会引起双方的矛盾，甚至会有严重后果。如果想取得理想的演说效果，首先就要化解白人听众的戒备、抵触情绪。约翰·罗克勤一开始就拿自身的肤色大开玩笑——“我来到这里给这一场合增添了‘颜色’”，这个自嘲式的幽默开场白，风趣而有深意，自然会引起听众的哄堂大笑。

这样的笑声，不但瓦解了听众因为肤色差异而造成的敌对情绪，还让演说者与听众的关系变得融洽了，演说的效果也大大提高，简直就是“一箭三雕”。

在演说的开场白中，适时、适度地自我解嘲歪曲一下，也是领导者高度智慧和教养的表现。新东方学校创始人俞敏洪有一次演说就是这样开场的：

有人，说我对电线杆特别有感情，这话说得，跟小狗似的！

在刚创办新东方学校时，我骑着自行车沿街在电线杆上贴招生广告。寒冷的冬夜，刚刷好的糨糊，不等广告贴上去就冻成了冰……我并不聪明，上中学时不管怎么努力，从来就没有考过全班前20名，大学考了三次才考上。

北大同学中有很多聪明的人，我起早贪黑地学，最后却还是以全班倒数的成绩毕业……

自嘲是高层次的幽默，可以将自嘲运用得潇洒自如的人，多是高手。在这段开场白中，俞敏洪并没有正面开题直接介绍经验，而是反其道而行之，从一开始就自嘲对电线杆的“感情”，自己怎样笨拙、如何落后，每句话都如一石激起千层浪，引起了听众对他的兴趣。

自嘲使用的好，不但能够为自己解围，还能给交谈平添许多风采，增加一个人的个性。然而，若是自嘲用得不好，就会让听众反感，沟通就会出现障碍。所以，使用自嘲方法，一定要审时度势，不能滥用。为了将自嘲运用得当，大家完全可以按以下几点来做。

1. 舍得拿自己开玩笑。

如果想让自己变得更幽默，要先学会开自己的玩笑。连自己都放不开，自然也就无法做到幽默，更不要说为他人带来欢乐了，因此如果想学会自嘲，首先就要学会拿自己开玩笑，让大家觉得你很容易沟通，提高你的亲和力。

美国著名演说家罗伯特，年老之后头发几乎掉光。60岁生日那天，很多朋友前来庆贺，妻子劝他戴顶帽子，可是他没有。面对众多朋友，罗伯特说：“我夫人劝我今天戴帽子，可是你们不知道秃顶有多好，我是第一个知道下雨的人呀……”

在这里，罗伯特并没有刻意地去掩饰“秃头”这一缺点，反而主动调侃自己，让大家在轻松一笑中感受到了年老的他更有魅力。

2. 善于观察，发挥想象力。

幽默，来源于生活，而高于生活，因此如果想搜集更多的素材，就要多留意身边的事物；同时，还要发挥自己的想象力，将好玩的、有趣的东西联系起来，充实到自己的语言中，让自己的语言变得更加好玩有趣。

3. 提高语言的表达能力。

即使发现了一些好玩的事情，如果没有良好的表达能力，不管事情本身多有趣，听众也会觉得没趣，所以平时一定要提高自己的语言表达能力。说话之前，要多思考，平常多发言，多读书多读报，写写日记，这都是提高表达能力的方法。

4. 不断扩大自己的知识面。

幽默是一个人智慧的表现，没有广阔的知识面，别人说的一些幽默段子，你都不能及时反应过来，这是一件特别悲哀的事情。为了扩大知识面，就要多留意政治经济，多关注体育、民生等各方面。事情无大小，平时多留个心就好。

5. 放松心情，从容一点。

幽默代表着一种特别轻松的心态，可以信手拈来。心情不好，自然也不会有好口才。平时在训练口才时，还应该注重自己心灵上的训练，让自己从容而且自信起来。

讲述故事：以轶闻趣事、诗词典故开场

世间的男女老少，都喜欢听故事。这样，就让故事具备了一定的说服力，也最能调动听众的积极性。因此，如果想吸引听众的注意力，就可以从故事引入。

优秀的领导者在演说的时候，总能以故事开始，利用故事跌宕起伏的情节，将听众引导到一种忘我的境界，然后不动声色地将自己的观点渗入故事中，让听众在不知不觉中接受自己的思想、观点。

1962年，82岁高龄的麦克·阿瑟回到母校——西点军校。在授勋仪式上，麦克·阿瑟即席发表了演说。他是这样开头的：

> 今天早上，我走出旅馆时，看门人问我："将军，你上哪儿去？"
> 听说我要到西点时，他说："那可是个好地方，您从前去过吗？"

这个故事情节非常简单，也朴实无华，却包含着深沉、丰富的情感，说明西点军校在大家的心中有着非同寻常的地位，成功唤起了听众强烈的自豪感，也表达了他本人深深的眷恋之情。之后麦克·阿瑟便不留痕迹地过渡到"责任——荣誉——国家"这个主题上来，自然贴切，水到渠成。

2008年12月6日，俞敏洪应邀在青岛理工大学礼堂，给近三千名中小学生家长做了一场关于家庭教育的大型演说。他的开场白简朴而感人，瞬间引起了听众的极大兴趣：

以农为生的母亲是我永远的榜样！她善良、真诚、宽容、大度、勤劳、朴实、乐于助人，许多品质给我的熏陶使我受益终生。她不顾自家口粮，在暴雨到来之前率全家抢救邻居家晒在场里的稻谷；她将仅有的20余斤粮食分给邻里一半……我从小就从母亲身上悟出：长大要做个好人。

俞敏洪以“母亲的故事”开场，不仅切合听众对象，而且故事本身也非常引人入胜。面对中小学的家长，俞敏洪想到了自己的母亲，高度总结了母亲“善良、真诚、朴实”等诸多品质，坦诚讲述了母亲“率全家抢救邻居稻谷”和“分粮给邻里”的两个真情故事，不仅很好地反映了母亲先人后己、乐于助人的美德，也有力说明了“父母是孩子的第一任老师”的道理。

使用讲故事方式开场有很多好处，可是，要讲好一个故事也并不是件容易的事情。讲故事时以下几点需要注意：

1. 说好故事的第一句话。

如果听众都非常崇拜你，不管使用何种方式来开头说故事，对方都能欣然接受，并且饶有兴味地听下去；但是，听众如果在开始时就不了解你，对你没信心，要想让对方对你的故事感兴趣，听你继续说下去，就要在故事的第一句话上多下一些功夫。

2. 开场不要过分谦虚。

讲故事时，要保持高度的自信心，不要过分谦虚。故事还没开始讲，就说“我讲的故事可能并不精彩”等，会直接打击听众继续听下去的信心，听众很容易产生“你自己都觉得没意思，那我听下去也没什么意义了”的想法。听众有了这样的念头，演说也就失败了一大半。

讲故事的开场要反其道而行之，即使是简单、称不上精彩的故事，也一定要提前告诉听众：“这是一个非常精彩的故事！”“这是我最喜欢的一个故事！”“这是我所知道的最有意思的故事！”……只有这样，听众才更容易对你的开场白充满兴趣。

3. 多使用故事性语言。

讲故事时，一定要多使用描述性语言，少使用一些逻辑性语言；多使用通俗易懂的词语，尽可能不要使用艰涩难懂的词语；多使用一些简单易懂的故事逻辑，少用复杂隐晦的故事逻辑。

4. 保证故事的简短、完整。

开场白故事必须做到简短，篇幅太长，容易给听众造成喧宾夺主的感觉；而且，故事也要完整。时间、地点、人物，故事的开端、经过、结局，都应当说明白。如果故事不完整，就会容易造成故事指涉不明确、意图难以呈现，更不要说揭示主题了。

5. 设计相应的表情、动作。

要想讲述清楚一个有吸引力的故事，不仅需要流畅的语言，也需要一些辅助的、和故事内容表现一致的表情、动作、神态。故事发展到危急紧要时刻，语速要快，语气要紧张，手势也要干脆，神态一定要严肃；而故事在安静抒情时，语气应当放缓，语气也要做到平和，手势要温柔，神态也要轻松、自然……

当然，如果想增强说服力，在开场白中讲故事，一定要做到：故事切合主题，有内涵、有新意，并且语言精练，而且要精彩有趣。如此，才能充分调动听众的积极性，让自己得到风趣幽默、学识丰富的评价。

总裁演说实录

张瑞敏：新形势下的中国企业新定位

2005年10月29~31日，第14届中外管理官产学峰会在北京召开，以下为海尔集团CEO张瑞敏做的专题演说（内容有删减）：

今天，我的演说题目是创新发展模式打造全球化品牌。为什么要讲这么一个题目？

随着海尔国际化发展水平越来越高，现在在国外有30多个生产基地，我们觉得企业越来越不好做，许多原来的成功发展模式现在都不好用了。从今年开始，我每个月都要去一些国家，结果发现，我们的成功主要在国内，把国内成功的发展模式移植到国外行不通……

今天，我的发言内容只有3点：怎样创新发展模式？怎样创新管理模式？怎样创新一个新的企业文化？

首先，先讲关于创新发展模式。

1991年，国内空调的销售量还很少，我们开始上空调。结果，1997年空调迎来了爆炸性增长，我们空调连续3年每年的盈利都是在10亿元以上。现在，这样的事是不可能再出现了。不要说空调，整个家电的利润都像刀片一样薄，不可能再有这么大的利润。所以，我们应该清醒地认识到，国内企业虽然做了很大的努力，但之所以能够获得发展，还是因为中国有个大市场、有个好机遇。现在，用这种方法管理今天的市场，根本行不通。首先，国内市场空间变小，爆炸性增长的机会几乎没有；第二就是技术，原来发展主要是靠引进技术，现在在同一个舞台上竞争，想从其他家电公司引进技术是不可能的，只能依赖于自己创新。

要创新，主要包括三方面：一是发展模式的创新，二是技术上的创新，三是管理的创新。我觉得，这里的着眼点在于差异化。在技术上主要是两个：一个是原创，一个是引进消化吸收后的再创新。海尔有一个思路，第一台引进，第二台国产，第三台出口，第四台境外生产，冰箱、空调、洗衣机采用的都是这种路子：引进技术后，迅速地转化为我们自己的，然后再根据国外的情况出口到海外去；进行新的改造后，再到境外去生产……

为了促进管理差异化的发展模式，我们提出了“人单合一”的战略。每个人都有一个市场，有一个市场就要做出一个订单，个人从市场直接获取订单，工厂根据订单进行制造，我根据订单发货。所以，我们把它叫作人单合一、直销直发、正现金流……

到丰田去参观时，我的感触非常深，觉得全世界都在学丰田管理，但是谁也学不会，因为它已经变成了一种企业文化。一种管理模式变成一种管理办法和企业文化，最大的差异就是企业文化是每个人都在做，管理只有领导才能做，员工无法接受。

在丰田，有个细节给我印象很深：出厂前，为车上螺丝，螺丝的位置、力度只要差一点，车就不能下线；员工都在自然地自觉地工作。丰田汽车利润之所以能够远远超过美国三大汽车厂的总和，原因就在于每辆汽车都是由用户订单生产的，每个动作都是完全照旧。对于中国企业来讲，这并不是一朝一夕能做到的。所以，要以信息化带动整个流程，也就是我们所说的信息化全程的闭环模式……

关于文化的总结，要从国内单一性的企业文化转化成能融合多元性的企业文化发展模式，这是最难的。前些日子关于海尔收购的问题，炒得很厉害。针对收购美国企业的问题，我觉得并购是企业在国际化发展过程中很重要的一项内容，但是前提是企业文化怎么样。如果你有非常强势的企业文化，就可以；如果企业文化非常弱势，并购可能成功的概率就很低。

我属于老三届，做过工人，在基层做过很多年。当时，作为被管理者，我最希望管理的东西就是两个字——公平。环境公平，我就会很努力地去做。做了管理者后，我就极力推进公平的企业文化。在海尔内部，我们营造了一种透明的人际关系……每个月我们都会开一次高层管理者会议，都会对你的创新、你的工作进行评价。

还有一个是创新文化。作为海尔人，习惯改变是常态，不变是不正常的。我们从1998年开始推行的流程再造，到现在已经有七年时间，仅组织结构大的变动就进行了47次。如果大家对这一点不认同，就很容易出现大混乱，相当于把企业推倒重来……

管理上有一个水桶理论，最短的一块板决定了水桶的容量。我觉得，第一，用我们的T模式来表现不全面，应该是第一个水桶盛水的多少，第一个决定了桶的大小。中国市场只是一个小水桶，要做世界市场，自然就需要一个大水桶，这是完全不一样的。第二，水桶盛进去的水，还取决于板和板之间必须是紧密结合的，不紧密结合，缝很大，无论多少水，都会漏光。第三，你有没有一个平台能够保证能够盛这么多水。板和板应该扣到一起，它们之间不再是制衡关系，而是一种市场关系。

企业的下面是用户，每个人在企业的内部，下去了就是你的企业。要想做好服务，只有循序渐进，才能在市场上产生最好的效果。

……

以上就是我自己的一些体会和正在探索的东西，还不太完善，很多东西还需要继续探讨，在这儿讲讲，希望大家共同努力。

谢谢！

第二节
让态势语为演说增色

让态势语为自己的演说添彩

有魅力的领导者在演说的时候都会注意自己的一举一动。因为，一举一动总关情！演说时，他们不仅会给听众呈献一个听觉盛宴，还会给听众呈献一个视觉盛宴。

态势语是一种无声的语言，是心理语言的外露。通常，心理活动通过语言来表达，都是由体态语表露出来的。因此，在演说中，不仅要照顾到听众的耳朵，还要照顾到听众的目光。

除发音外，还有很多身体因素可以传递信息，比如，身体姿态、仪表风度、手势动作、面部表情及服饰打扮等，这就是我们所说的态势语。

态势语，又称为人体语言、肢体语言、动作语言，是通过目光、表情、手势、姿态和服饰等，配合有声语言一同传递信息、交流思想的辅助工具，属于伴随语言。在演说中，态势语发挥着重要作用。

美国心理学家艾伯特·梅拉比安曾说："人的感情表达由三个方面组成：55%的体态，38%的声调及7%的语气词。"态势语的重要性由此可见一斑。心理学研究还表明：人感觉印象的77%来自眼睛，14%来自耳朵，视觉印象在头脑中保持时间也超过了其他器官。所以，演说时，善于表达的领导者不仅会注意语言表达，还会重视无声语言的表达。比如，看到别人的表情我们会说"我看见你就知道你要说什么"，这就是"别人"在用无声语言传播信息。

从表面来看，态势语是一种抽象的表达行为。但从演说者的某一态势中，听众可以感受到听觉的、嗅觉的、触觉的、味觉的多方面信息，这些信息其实就是态势语在起交流作用。

演说中，适当的态势语对于领导者来说，有振奋、镇定、提示和辅助传情达意的作用；对于听众来说，有启发、演示、感染、说明、吸引等作用。

演说过程中，态势语言的作用非常大，而且不可或缺。可是，因为社会规范、工作环境和任务的需要、心理因素等存在着巨大的差异，对于不同的领导者来说，语言的流露、表述的层次、程度、方式和姿势都会不尽相同，甚至截然相反。所以，态势语言运用也一定要讲究原则。具体有以下几点要求：

1. 动作得体，不做作。

动作要适度，以不影响听者对你的说话的注意力为准；与此同时，动作一定要跟说话内容、情绪、气氛协调一致，不要故作姿态，不要故弄玄虚，更不能手口不一。

2. 动作简练，不拖拉。

举手投足间，一定要符合一般生活习惯，要简洁明了，容易被人们看懂和接受。搞得烦琐复杂，不但会喧宾夺主，让有声语言无法正常表达，而且会让听众眼花缭乱、不知所措。

3. 动作自然，不刻板。

演说时，动作生硬、刻板木讷，刻意表演、姿态做作，会让人察觉到不真实，缺乏诚意。因此，宁要自然的雅拙，也不要做作的乖巧。

4. 动作生动，不僵硬。

只有生动的体态语，才可以更为艺术地表情达意，给听众带来美感，进而产生极大的感染力和征服力。在演说过程中，优秀的领导者都会将各种语言相互配合起来，整体协调、连贯，表现出优美自然的风度美、气质美和韵致美，给听众塑造一个良好的演说形象。

服装：选择和主题有关的服装

得体的着装，会给人一种积极的心理暗示，会让你得到更多的自信。演说时，衣服穿得合适，就会给听众展示出一个成功者的形象；衣服穿戴不合理，即使讲得再好，也算不上成功！

在现实中，为了演说成功，有些领导者会费尽力气去写演说稿、演练，可是他们都忽略了一个重要的因素——着装。穿着简单的短袖，或皱巴巴的衣服上台，如此，即使内容讲得再好，效果也大打折扣。

演说中，着装是非常重要的。在《着装、向前、成功》一书中，作者乔治·莫洛伊就提到："在正式场合着装不合适的人，看上去会没有气势。"他研究也表明，不注重形象的公司与一个注重形象的公司相比较，员工的工作效率会降低10%。很多事实也说明：得体大方的着装，会给予演说者一种积极的心理暗示，让他得到更多的自信心和自尊心，更容易助他演说成功。

生活中，很多人都将着装得体当成是社会地位和财富的象征。演说时，如果领导者拖拖沓沓地穿着一条打着补丁的仿旧牛仔裤、白色短袖衬衫口袋里露着钢笔，人们普遍就会认为你不负责任、不值得尊重，你多半也会因为自己的随意而感到尴尬。

领导者的演说形象体现了自己的综合素质。成功的形象所展示给人们的，是自信、尊严、力量、能力，通过穿着、微笑、目光接触、握手，一举一动之间，可以散发出一个成功者的魅力。那么，演说时领导者的着装应该考虑哪些问题呢？

1. 服装的选择要跟体态协调一致。

为了满足演说的需求，领导者在考虑服装仪表时，一定要有整体美感，不能为了个别部位的美，破坏了整体形象的美。

（1）身材和打扮要互相协调，比如：大胖子就不宜穿过紧的衣服，否则，会包得紧紧的，让人感到透不过气来；长得瘦长的人，穿横条的服装，会显得比较好；矮胖的人，穿着竖条的服装，会显得苗条些。

（2）服装要和体形、肤色相适应。比如：较肥胖的人适合穿深色服装，如此，目标更加集中，会表现得人匀称些；体形瘦削的，适合穿浅色服装，因为这样看上去目标比较松散，显得人比较丰满；皮肤白皙的人，穿深色、浅色的服装都可以；皮肤较黑的人，最好穿稍浅色的服装，要少触及黑色的服装。

2. 服装的搭配要符合不同的演说内容。

在不同的演说场合，经验丰富的领导者会根据内容的不同来选择服装的款式。演说，并不是文艺演出，也不是戏剧表演，而是一项高雅的、高层次的社会活动。所以，在选择演说服装时，要坚持“三子”原则：“领子、袖子、扣子”。在此基础上，再提高服装和演说主题内容的协调一致性。

3. 服装的选用要跟听众的着装保持同步。

演说时，搭配的服饰款式和色彩，不仅要跟演说的现场气氛相和谐，还要与季节相符合，更要与广大听众的装束相互协调。过于华丽时髦，会分散听众注意力，甚至引起非议，破坏演说气氛。比如：衣着太奢侈华美，听众脑海中就会有阔少或贵夫人的误会，演说得好，人们就不会口出恶言；如果演说得不好，听众就会讥笑你。

4. 服装的选择要符合自己的身份。

服装对于人体有扬美和遮丑的功能，能够反映出一个人的精神风貌、文化素质及审美观念。演说时，善于演说的领导者都会按照这样的标准来给自己准备衣着，如：典雅美观、整洁合身、庄重大方、色彩和谐、轻便协调。不仅要做到外表整齐、干净、美观，风格高雅、稳健，感觉良好，行动方便，还要跟自己的性别、年龄、职业等协调，充分将自己的特点与神韵表现出来。

5. 服装颜色的选择与演说环境保持协调。

不同的色彩，可以引起不同的联想，心理感受也会不同。现实生活中，衣饰色彩的选择都是由人自身的性格气质、生活经历、经济基础、爱好兴趣所决定的，没必要做刻意的要求与规定。可是，在演说中，一定要考虑到演说的内容、演说的环境、演说的时空等因素和各种衣着、饰物方面的颜色搭配。演说时，不能单色调打扮，要在某一基色调基础上进行一定变化。

6. 鞋子的选择要满足演说的需要。

心理学家研究，鞋子对一个人的情绪影响最大。穿一双陈旧的软底鞋，会让人感到精神萎靡，加深沮丧的情绪；反之，则会让演说者感到信心百倍，雄赳赳，气昂昂。

选择鞋子，不能盲目地追求式样的摩登新潮，一定要适合自己的脚型与体型，还要考虑到整体的协调及演说内容的限制。

演说者无论穿什么样的服装，最为适合的，都是穿皮鞋。因为穿皮鞋，才可以显得端庄、高雅、大方。当然，皮鞋的选择也是有要求的，比如：皮鞋一定要和衣着颜色相配，要保证皮鞋的清洁光亮；不穿钉有铁掌的皮鞋，以免上场时发出刺激声，影响到听众的情绪。

另外，选用的鞋子还要与袜子搭配。女性领导者穿裙子时，宜穿长筒裤袜和连衣裙袜；裤袜的色泽一般都宜选择和肤色相同或稍浅一些的。

眼睛：巧用眼睛来表达不同的意思

研究发现，在交流中，语言所占的比重为7%，声调占了37%，眼神和肢体动作所占比重达到56%。从中可以看出，眼神是重磅的交流武器，在演说中，眼神的交流非常重要！

眼睛是心灵的窗户，心灵是眼神之源！心理学家认为，通过眼神表达情感，是一种普遍的心理现象。人的悲欢离合、喜怒哀乐，都能够从微妙的眼神中真诚地流露出来。

眼睛是心灵的窗户，演说时领导者眼神的变化和自己的思想情绪变化、演说内容的发展一般都是协同一致的。只有达到了和谐，才能让听众从灵活多变、惟妙惟肖的眼神中，深切领悟到你所要表达的真情实意，接受你的信息，积极地跟着你的情感一起走。

周总理演说时，眼神刚毅、睿智，人们都会被这种眼神所吸引，从中得到激励。

陈毅演说时，眼神英灼、敏锐，人们会被其深深地慑服，从而受到心灵的鼓舞。

美国的第四十任总统里根，是演员出身，掌握着高超的表演技巧，每次演说都会充分运用目光语，会像聚光灯一样，将目光聚集到听众席的某个点上；有时则会像探照灯一样，用目光扫遍全场。

美国19世纪著名哲学家劳夫·沃尔多·爱默生曾说：“人的眼睛和舌头说的话一样多，不用字典，却能从眼睛的语言中了解到整个世界。”眼神，可以表现出热情，也可以表现出冷酷；能够表现出尊重，也可以表现出鄙视。整个演说过程中，领导者眼神的表情达意发挥着举足轻重的作用。

在演说中，眼神也是一种态势语！眼睛的神色变化，体现了一个人内心的微妙活动，可以传达出很多具体、复杂乃至难以言传的思想感情，在演说中具有表情、表意和控场作用。在和听众活动交流的过程中，有经验的领导者都可以恰如其分地运用自己的眼神，将自己的思想感情表达出来，努力调整演说及现场气氛，影响听众，得到最佳效果。

要想提高自己的演说效果，就一定要了解和使用千姿百态的眼神技巧。这里，就给大家介绍几种目光语的使用方法：

1. 前视法。

演说时，可以将视线平直向前，进行弧形流转，立足听众席的中心线，以此为中心弧形照顾两边，直到将视线落到最后一排听众的头上。推进视线时，不要匀速，一定要按照语句有节奏地进行；而且，要照顾到坐在偏僻角落的听众。

2. 环视法。

有些演说经验丰富的领导者，会有节奏地或周期性地将视线从听众的左方扫到右方，再从右方扫到左方；或者从前排扫到后排，再从后排扫到前排。视线走过的每一步都是弧形，弧形又构成一个整体——环形。视线跨度大，就会出现为视线而视线之嫌，演说时要做好衔接。在感情浓烈、场面较大的演说中，可以使用这种方法。

3. 虚视法。

演说中，这种方法使用频率很高。尤其是，在领导者刚上场时，可以用它来克服紧张和分神等问题，即使看到听众火辣辣的眼神，也不会感到害怕。当然，在表达愤怒、悲伤、怀疑等感情时，也可以使用这种方法。

4. 闭目法。

对我们来说，每分钟都会眨眼5~8次，若是眨眼时间超过一秒钟，就会成为闭眼。演说时，讲到英雄英勇就义，或者演说者感到极度紧张、心情无法平静时，都可以运用这种方法。

5. 仰视法和俯视法。

演说时，不要总是将自己的目光投向听众，可以依据具体的内容来合理使用仰视和俯视：若是表示长者对后辈的爱护、怜悯与宽容，就要时不时地把视线向下；而表示尊敬、撒娇或思索、回忆时，则可以让视线向上。

特别提到的是：视线的运用一般是各种方法综合考虑、交叉运用的；同时，还要依照内容的需要，押着感情的节拍，配合有声语言形式和手势、身姿等立体进行，协同体现。

此外，还要特别注意的是，运用眼神时，一定要遵循一些原则：（1）要有一定的目的性；（2）要表现出信心，表现出活力；（3）要和有声语言、动作、表情等有效结合起来。

面部表情：丰富的表情表达起来更直观

在每个表情背后，都代表着他人内心的真实想法。在演说中，领导者的面部表情是可以传情达意的，完全可以使内在的思想感情得到显示。成功的领导者都是善于运用自己面部表情的人，如果想提高演说效果，也要用自己丰富的面部表情，吸引听众、影响听众、感染听众。

面部表情，是一个人思想感情在外貌上的显示，是一个人的思想感情最灵敏、最复杂、最准确、最微妙的表现形式，是人类的另一种交流方式，和语言比较起来，更真实、更准确。就连罗曼·罗兰都说："面部表情是多少世纪培养成功的语言，是比嘴里讲的更复杂千倍的语言。"

德摩斯梯尼是古希腊最伟大的演说家。

一次有人问他："对于演说家，最重要的才能是什么？"

德摩斯梯尼回答："表情！"

那人对这个回答似乎不满意，接着问："接下来呢？"

德摩斯梯尼又吐出两个字："表情。"

那人又问："再接下来呢？"

德摩斯梯尼这次增加了两个字："还是表情。"结果依然一样。

从这样的回答中可以看出，表情在演说中的重要作用可见一斑。

在态势语言中，面部表情，是最可以传情达意的，这是演说者的内在思想感情在外貌上的显示。富有经验的领导者，一般都能够充分利用自己的面部表情，表达出丰富的思想感情，以吸引听众，影响听众，感染听众。

美国著名教育家卡耐基评价罗斯福演说时，说：“他就像是一架表现感情的机器，满脸都是动人的感情，演说更有力、更勇敢、更活跃。”

当代著名演说家、演说理论家邵守义演说时脸部表情丰富多彩，能够将复杂的思想情韵通过面部表情展现出来。

演说台上，领导者的每个动作，对台下听众来说，都能够传达出一种信息。领导者在表达意思方面的有效程度，在很大程度上都取决于辅助声音的非语言身体动作，比如：面部表情、手势、姿势。因此，如果想提高演说效果，就一定要懂得合理利用自己的肢体语言。

在第二届“香格里拉杯”全国演说大赛上，个人特等奖被一个解放军战士获得。他是如何赢得评委的认可的呢？看了下面这段关于“西藏军区骡马运输队在原始森林中遇到的惊险”的演说内容，相信你就会明白：

有一次，尹队长正在前面为骡马队开路，突然一头比人还高的大黑熊从离他不远的地方钻了出来，大家都惊呆了。几名战士紧张地连连后退，带枪的战士“哗哗”拉枪栓、推弹上膛，准备射杀黑熊。尹队长来不及退让，便挥舞手中的砍刀，亮出嗓门大吼一声：“嘿！”谁知这一叫，步步紧逼的大黑熊竟站在原地不动了。大家一看这场景，齐声大吼起来，大黑熊被吓住了，狂叫几声后钻入了林子。

这个解放军战士一边讲述自己的故事，还一边表现出了惊呆的表情。他大大地睁开眼睛，面部肌肉紧张，同时后退了一步，模仿战士拉枪栓的动作；之后，他表情严肃，跨前一步，模仿尹队长做出手举砍刀的样子……讲完这故事，听众掌声四起，演说达到高潮。

精彩的演说，加上面部表情，不仅生动形象、能够吸引听众，更可以将演说内容活灵活现地展现出来。

面部表情，是最能够传情达意的，是演说者的内在思想感情在外貌之上的显示。富有经验的领导者一般都会充分地利用自己的面部表情，表达出更加丰富的思想感情，吸引听众，影响听众，感染听众。那么，在演说中，应当怎样运用面部表情呢？以下方面需要注意：

嘴唇：嘴角微上翘，能够表现最美好的笑容，是演说中使用的比较多的表情。不管是上台，还是退场，都要对听众报以微笑，通过微笑表达出喜悦、亲切、肯定、满意、赞扬等态度。

仰视：表示崇敬或傲慢。

俯视：表示关心或忧伤。

正视：表现庄重、诚恳。

斜视：表现轻蔑、不屑。

环视：表示交流或号召。

凝视：表示专注或深情。

点视：表示具有针对性和示意性。

虚视：可以消除紧张心理。

眉毛：双眉往上扬，表示喜悦、亲切、肯定、满意、赞扬；双眉微蹙，表示疑问、忧虑、悲伤。

面部表情，包括了眼神、眉目、脸部、口唇等每个部分的细微变化，还有代表的意义。在使用面部表情时，一定要遵守下面几个原则：

1. 表情要准确。面部表情是演说表达的一种形式，要跟演说内容和现场气氛相统一；同时，面部表情的变化，还要跟领导者演说的目的有机结合在一起。

2. 表情要自然。要自然真诚，发自于内心，要尽量保持日常生活中的自然性。

3. 表情有感觉。既要有灵敏感和鲜明感，还要有真实感和艺术感，但不能刻意追求演员式的表情。

手势：演说者内在情感和态度的自然流露

手势是使用频率最高的体态语言形势，手势语则是副语言的一种，在很大程度上受到人们社会心理的影响。演说中，没有手势，就没有雄辩！优美得体的手势能产生极大的魅力，不仅能激发出听众的热情，还可以加深听众对演说内容的理解，促进演说获得成功；如果忽略了手势的使用，演说时演说者就会如同一具木乃伊，过于僵化。

一位古罗马的演说家曾经指出：“没有手势，就不能有雄辩！”在演说时，领导者通常都会做出一些手势。这样的手势在演说中的作用不言而喻！

在演说中，很多人可能都看到过这样的情景：

领导从上台到结束，两手始终下垂于裤线，一直保持着立正的姿势；

有的管理者开会的时候像个害羞的小姑娘，总是捏掰自己的小手指；

有的经理即使使用了手势，也是不合时宜地胡乱比画一下；

……

生硬？沉闷？别扭？其实，之所以会出现这些现象，主要是这些人都忽视了手势在演说中的独特作用。成功的演说，离不开成功的手势，因为双手也是人体的表情器官之一。

手势是使用频率最高的体态语言形式。双手活动幅度较大，活动最为方便、最灵巧，形态变化也是最多，因而手势的表现力、吸引力及感染力也最强，最能够表达出丰富多彩的思想感情。寓意深刻、优美得体的手势，可以产生极大的魅力。

当然，尽管对于领导者来说，手势语非常重要。可是，演说的手势也是不能随便做的，只有符合一定的要求，才能奏效。一般来说，运用手势时，要遵循以下四个原则：

1. 做出的手势要雅观自然。

人们听演说，除了获得信息、受到启迪外，还希望得到美的享受。因此，使用手势语一定要动作优美、恰如其分，符合人们的审美习惯；只有自然的体态语言，才会让人察觉到感情的真实流露，才可以表达出最真实的情感，才会给人美感；此外，优美自然的体态语言一定要符合演说者的性别、年龄、经历、职业还有性格等特征。

2. 手部的动作要保持三个协调。

（1）手势和全身的协调。

演说者的手势从来都不是单独进行的，每个行为都和声音、姿态、表情等密切配合进行。演说，都是以讲为主，以演为辅，如果演说没有动作，仅仅是说话而已，那就缺失了美感；只有声音与手势动作协调，领导者的表演才会美。

（2）手势和口头语言的协调。

手势的起落应与话音的出没是同步的，不能互有先后。如果话说出去，手势还不曾做，或者话已经说完，手势还在继续……不但没有任何意义，听众也会感到滑稽可笑。

（3）手势与感情协调。

手势幅度与感情是成正比的。感情激昂时，手势幅度、力度可以大一些；否则，则要小一些。例如，下面这段演说词的动作幅度就应该大：

如果说，中国是头沉睡的雄狮，需要我们每个人热情去唤醒，让他咆哮，让他呐喊！如果说，中国是条俯卧的巨龙，就更需要我们做主人的用双手去托起，让他腾飞，让他振兴，让他永远屹立于世界强国之林！到那时，我们每个人都将会自豪地说：“我是中国的主人。”

而下面的这一段演说词的动作幅度就必须小：

青年人有青年人的脚步，老年人有老年人的脚步，但不管是谁，无论迈的是什么样的脚步，都是凭着两只脚一步步地走完漫长而短暂的人生之路。朋友们，我们正在走这条路，请经常回头看看自己走过的脚步；更不妨仔细想想，在未来征途中我们的双脚该怎样迈步，往哪儿迈步？

3. 做出的手势要适度。

手势虽然能够表现很多意思，很多领导者演说时也会做出相应的手势来配合。可是，在演说中，也绝不是每说一句话都要做一个手势。若是那样，不仅会让领导者自己感到疲乏，听众也会眼花缭乱，反而会影响了演说效果。一般情况下，两个手势之间，要有几句话。

手势的使用，虽然是以表情达意的需要为依据的，可是使用频率和动作的大小，也有一个限度。手势的动作幅度有大有小，在使用时，要注意掌握分寸，比如：情绪较平稳、思想内容也比较一般时，手势就应当小一些；如果情绪激动、言辞激烈，则完全可大一些。当然，小时不能太小，大时也不能太大。太小难看见，并显得小气；太大惊人，并显得虚张声势。出现这样的情况，都会让听众感到不开心。

4. 做出的手势要因人制宜。

态势语的恰当运用，可以让领导者显得成熟、自信，有涵养、气质和风度。演说中，领导者要根据自身条件，选择符合自己的身份、性别、职业、体貌的，有表现力的，合适的手势。

（1）性别区别。男性的手势一般刚劲有力，有很多朝外的动作；而女性的手势主要是柔和细腻，手心内向动作较多。

（2）年龄区别。老年人一般都体力有限，手势幅度较小，精细入微；中青年演说者身强力壮，手势幅度较大，气势磅礴。

（3）身高区别。个子比较矮小的演说者，可使用高举过肩的手势来弥补自己的不足，如此一来可以让自己的形体显得高大一些；个子高大的演说者，则可多做些平直横向动作。

什么情况下做什么手势、做什么动作，没有办法确定，都得依靠自己去摸索、改进。可是，一定不能完全学习别人的态势动作。每个人都有自己的特点，即使是使用手势语，也要突出自己的特点，并注意美化定型。

站姿：自然大方、不拘谨

著名演说家曲啸在介绍自己的演说经验时曾说：“演说者的体态、风貌、举止、表情都应给听众以协调的平衡的至美的感受，要想从语言、气质、神态、感情、意志、气魄等方面充分地表现出自己的特点，只有在站立的情况下才有可能。”我们常说“坐有坐相，站有站相”，演说时一定要注意自己的站姿，争取给人留下一种精神饱满、胸有成竹的好印象。

站姿，也是体态语的一种形式，是人的心理状态的一种真实写照。一位表演大师曾明确表示：“我就靠我的动作、姿态向人们昭示我的内心世界，昭示我的所思所想，昭示我的喜怒哀乐。”演说中，良好的站姿，意味着精神饱满、胸有成竹；扭扭捏捏的站姿，意味着紧张不安，没有把握；粗俗的站姿，则会令人生厌。

一个企业老板在公司成立周年的会议上，做了一次演说。他的打扮精神得体，黑色西服搭配红色领带相得益彰，俨然就是个绅士。可是，他有个坏毛病，就是不管站在哪儿，都要抖腿。从上台开始，人们就看到他一直在哆嗦，甚至还伴着演说节奏，不停地抖腿，非常惬意。

看过哑剧表演的人都清楚，人类无声的动作具有巨大的表现力。因此，在演说中，一定要坚持“站有站相”的原则。特别是在演说时，笔直的站姿不仅能表达出领导者对听众的尊敬，同时也可以表现出领导者的精神风貌。

洒脱自然、风度翩翩的站姿，最让人赏心悦目；而漫不经心、粗俗欠雅的站姿，就会让人讨厌。在演说时，领导者一定要将自我的良好形象展示出来；表达自我意旨时，一定要使用好站姿这门独特的身体艺术。

优秀领导者在演说的每个时刻，都会给人一种欣赏唯美雕塑的感觉，给人以充沛饱满、潇洒端庄的健康感觉。他们在演说时，通常会灵活使用下面几种常用的站姿：

1. 前进式。

这样的姿势，是领导者使用最多、最为灵活的一种站姿。具体方法是：右脚在前，左脚在后，前脚脚尖指向正前方或者稍微向外侧斜，两脚延长线的夹角成45度左右，脚跟距离在15厘米左右。

采用这样的姿势，重心没有固定，领导者能随着上身前倾或者后移变化而分别定在前脚跟与后脚上，即使站的时间长，也不会显得不美观。此外，这种站姿可以让手势动作灵活多变，可以让手做出不同的姿势，表达出不同的感情。

2. 稍息式。

这种姿势的基本点是：一脚自然站立，另一只脚往前迈出半步，两脚跟之间相距12厘米左右，形成75度夹角。这种姿势，形象比较单一，重心一般都落在后脚，若演说时间较长需要短期更换姿势，就可以采用这种姿势，让身体在最短的时间内松弛下来，得到适当休息。

3. 自然式。

这种站姿的要点就在于：两脚自然分开，平行相距与肩同宽，约20厘米为宜。太平会影响呼吸声音，太迂则显得拘束，这都会影响到演说效果。

4. 丁字式。

如果要表达强烈的感情，想要和听众产生共鸣时，有些领导者会采取“丁”字站法：一只脚在前，一只脚在后，两脚之间呈垂直的“丁”字形，两腿前后交叉的距离，最好不超过一只脚板的长度，全身的力量放在前脚之上，且后脚跟稍微提起。

以上就是领导者演说时常用的站姿。当然，虽然演说一般都比较严肃，可也不用拘泥于一些僵直的站姿，可以根据客观需要或者演说内容进行小幅度的移步，以期达到动静结合的生动效果。

想要表达自己坚定的信念、殷切的期望、胜利的喜悦或者是美好的憧憬这些积极因素时，可按照实际情况往前移步；想要表达愤怒的气息、痛苦的生活、悲哀的神情或者是颓废的思想等消极因素时，可以依据实际情况朝后退步；想要吸引某一个位置听众的眼球时，可以根据实际情况朝着不同的方向移动。

声音：掌握演说的声音和节奏

> **每个人生来都具有各异的嗓音，深沉洪亮的，尖细高扬的，声如软玉的，鼻音浓重的……不论声音特质如何，都是世界上独一无二的！在演说过程中，有震撼力的嗓音，音色更强，声音更有力，更加充满了能量与活力；独具穿透力的声音，更能很好地直击听众内心，达到演说的目的。**

演说大师陈安之，在一家演说培训机构遇到了两个学员，这两个学员的语言风格截然相反：

第一个学员，特别幽默，演说时总能妙语连珠，一开启话匣子，就像是连珠炮似的，持续不断。和他打交道，就得具备超强的毅力，不仅要做好没有自己说话机会的心理准备，还要做好可以接受他一连串的语言狂轰滥炸的心理准备，当你觉得自己快受不了时，他却还是精力充沛。

第二个学员，讲话特别慢，和他交谈时，觉得他说的每一句话就好像是蜗牛从地面爬到大树顶端那般的缓慢。听他讲话，如果听众是急性子，得极力压抑自己的脾气，才能将他的话听完。否则，他会轻松地将急性子的人逼得发疯。

演说中，好的声音不但可以准确恰当地表情达意，还声声入耳、娓娓动听。所以，要想提高演说效果，就一定要讲究发声的方法和技巧，比如：音准和音变、吐字和归音、呼吸和换气、停顿和重音、语速和节奏等，这些都是非常重要的，需要仔细琢磨和练习。

为了让自己的语音和语调更动听，演说能力强的领导者通常都会注意下面几个方面：

1. 留意声音的响度变化。

所谓响度指的是，声音的大小、高低、强弱的程度。在演说时，只有合理的响度，听众才能听真切、听清楚。在物理学中，响度是以“分贝”来计量的。在演说中，只能靠自己的耳感监听。要从听众的反应中了解到响度效果，及时调控。

在演说的过程中，一定要根据所表达思想感情的需要、会场空间的划分，还有听众分布等情况，随时变化声音响度，提高演说效果。要做到：低而不虚，沉而不独；声音要有强有弱，错落有致。

2. 重视声音的清晰度。

演说，需要靠有声语言去表达思想感情，也要依赖这一点跟听众进行交流。如果领导者声音含混不清，就无法真正地传情达意。因此，演说时一定要表述清晰。

当然，要想让自己的声音清晰，就得依赖于器官的集中力量，主要是舌和唇。舌头在口腔中活动最积极、影响最大，汉语普通话的所有音节中，除了辅音的唇音外，全都要靠舌头的活动。舌头弹动力强，声音就会发得清晰；如果舌头是软绵绵的，缺少阻气力度，声音就会模糊。由此可见，声音的清晰和舌头的活动状态息息相关。

3. 演说的语言要流畅。

演说是一种口语表达艺术，自然就会要求声音清晰、准确，也会要求语言流畅自然、婉转甜美，充分地显示出严谨的逻辑力量及畅快的语言魅力。

语言流畅度训练重在加强语言实践，简单来说，就是多读、多讲。“读”，就是多读演说名篇，包括默读、朗读、快读；“讲”，只要条件允许，就不要放过任何机会。要理清思路，不停地讲下去，甚至可以参加辩论，如此，流畅度就会得以提高。

4. 注意语气的交错性。

在演说过程中，语气同样要伴随演说内容的变化而变化，不仅可表示出某种感情基调，还能增加其他感情色彩，更能实现语气的交错和重叠。在进行语气训练时，一定要注意到这种语气的交错，要分清主次，处理好重叠和过渡，这样语气才能够更好地为内容服务。

5. 控制好演说的速度。

演说的速度一定要注意。为了营造沉着的气氛，可以将语速放慢点。标准大致为，5分钟演说3张左右的A4纸原稿内容。但要注意的是，从头到尾都用相同的语速，听众定然会昏昏欲睡。因此，要根据演说内容去调整演说速度，要有快有慢，要抑扬顿挫，吸引听众的注意力。

6. 把握好演说节奏。

停顿，可以起到断句的作用，也能控制演说的节奏。但是，随意的停顿会将听众弄糊涂，甚至还会严重影响领导者的演说效果。因此，停顿时，首先要确保停顿在需要停顿的语意之间；此外，书面演说和口头演说是完全不同的，不是每个逗号都是要停顿，也不是没有标点就一定不能停顿。

停顿，有时候还可以用来强调。比如：在你说完一句很重要的话后停顿，实际就是在对听众说，这是重点。在某些情况下，恰到好处的停顿比任何语言都能有效地传递你的意思。

最后，还要注意的就是，不要害怕停顿。一定要记住，停顿并不会让你忘掉接下来的内容。不要用“嗯”“啊”之类毫无意义的词汇来代替停顿。

总 裁 演 说 实 录

唐骏："成功4+1"理论

2004年9月29日晚，在同济大学的"一·二九"礼堂进行了一场特别的报告会，唐骏发表了自己的演说，现在摘取部分供参考（内容有删减）：

经常有同学对我说：到了大二、大三却发现自己仍不知道未来的前途，感到迷茫。他们也会经常思考怎么才能让自己走向成功，怎样超越自我。我曾提出过一个"成功4＋1"理论，其实也是大学生走向社会时需要具备的几个要素：

第一个，智慧。

光有知识就叫智慧吗？不是！具备运用知识的能力才叫智慧。所以，上大学不只是简单地把书本读会。读什么专业固然重要，但比这更重要的是培养自己的学习能力。很少有学生看到复杂的方程式会眼睛发光、会兴奋。该不该学？要学！也许不是你的兴趣，但必须强迫自己，培养毅力和学习能力。

踏进社会后，至少有一半工作不是你喜欢的。不喜欢就可以不做吗？社会可没那么简单，社会不是你想象那样的，想做就做，不想做就不做。刚踏出校门的学生，还没有核心竞争力。社会竞争很激烈，你应该先在自己不喜欢的岗位上把工作做好，把自己变得有核心竞争力，有了竞争力以后再改变。

第二个，机遇。

机遇也很重要。很多人把自己的不成功归结于机遇的不公平。其实，在大学时每个人都差不多，而十年后为什么会出现那么大的差别？我们来反思一下，难道每个机遇都是公平的？机遇肯定是不公平的，机遇只会给那些有准备的人。

第三个，勤奋。

勤奋也非常重要！没有其他本事，就只有勤奋，一直勤奋！很多人问我：唐骏，在七年的时间里，你是如何从一个普通的软件工程师成为中国区总裁的？这在微软历史上从没有过，在中国的外企也是没有的。难道是聪明吗？你看我的样子就知道我不聪明。但是，你看不出来的是我几年、几十年如一日的勤奋。

我没有其他秘密，只有勤奋！一点聪明，加上十点的努力，就足够了。领导不会讨厌勤奋的人，勤奋在一个人的职业生涯中比什么都重要。在座的各位，今晚一定要把两个字带回去——“勤奋”——勤奋会影响你的整个命运！

第四个，激情。

在“4+1”里，还有一个非常重要的是“激情”。做什么事都要有热情，对每件事都能做到全身心投入，成功的概率就会高很多。

同时，大学时期要尝试改变性格。

大学是什么？大学是个小社会，跨进校门，就进入了改变性格的阶段。如果你连性格弱点都改不了，离成功就差得远了。什么是好性格？没有固定定义。其实就是那些公认的性格：热情、关爱、正直、坦诚……如果这些都在你身上体现出来，别人会不喜欢你吗？

为什么性格决定成功？因为机会跟性格联系在一起。机会有三种：一种是别人给的；第二种是自己争取的；第三种是运作出来的。机会出现时，靠什么把机会变成你的？就是你的性格。因此，要培养一个好性格，让周围的人都认同你。一定要用真心来对待每个人，用正直、向上、关爱的心态来对待周围的每一件事。

……

12年前我从美国回来时，搞了个小发明，很兴奋。但跟中国很多企业沟通时，他们都说：这东西一点技术含量也没有！可是，我没有放弃，我相信这个东西一定会有人气。后来，有家日本公司非常感兴趣，于是在街上就出现了一种叫“大头贴”的机器。

后来，我又做了一个跟大头贴相近，但技术含量高一些的东西——常见的卡拉OK中的“计分器”。为了做这个发明，我做了很多数学模式。同时，我还用自己的标准制定了一个体系来打分：自己唱一个曲子，连自己都感动，就给90分；唱得一般，就给70多分；唱得不好，就给30分。唱到最后，想多少分就写多少。实际上，这是我的标准，唱的效果跟我最相近就能得高分。所以，要想得高分，很简单，在KTV模仿唐骏的声音吧！

但专利发明出来，光自己唱歌是没意义的，应该投向市场。当时我还是一个学生，一无资金，二无市场。怎么办？寻找一个买家。后来，我把专利卖给了一个当时名不见经传的小公司，据说现在还有点名气，叫“三星公司”。

当时，市场占有率最高的公司是日本的先锋公司，市场份额占27%；第二名是三星，但只有2.3%的市场份额。我跟老大合作，他当然不会理我。于是，我就跟老二合作。经过一番周折，他们最终决定给我8万美元。我跟他们说：中国人不在乎钱！8万也好，7万也好，都不重要。其实，我的心理价位是5万美元，这笔生意改变了我的人生！

后来我才知道，当时三星公司快倒闭了，拿到我的这个专利后，市场份额从2.3%涨到10%以上。更重要的是，它还把专利使用权又卖给先锋公司，仅第一笔使用专利就要了500万美元；而且，今后先锋公司每用一次专利，就要付3美元！

为什么今天有盖茨？盖茨不过做了一个DOS，当时IBM想花2000万美元买下来。2000万美元对一个年轻人是非常诱惑的，但盖茨比我聪明得多，他没卖，而是签约：每使用一次DOS就收5美元。现在，我明白了我与盖茨的差距，但当时我拿了这笔钱内心还是挺感动的。

……

大学里什么最重要？不是学习成绩，而是学习方式。社会上需要的也是掌握学习方法、有学习能力的人。尤其要学会快速的学习方式，要学会抓重点。

第三节 关注细节，从细微处入手

成功演说，从细节开始

演说中，一句话、一个动作、一个小道具、一个表情……尽管它们微不足道，像沙砾一样很容易被忽视，但是在一定的条件下，却是演说成功与否的关键之所在！

“丢失了一个钉子，坏了一只蹄铁；坏了一只蹄铁，折了一匹战马；折了一匹战马，伤了一位国王；伤了一位国王，输了一场战斗；输了一场战斗，亡了一个帝国”的故事深刻地提醒我们，成也细节，败也细节！

1905年的一天，在美国伊利湖畔的公路上发生了一起交通事故：两辆汽车头尾相撞，紧跟在后面的一串汽车都来了个嘴啃泥。公路上狼藉一片，到处都是碎玻璃片、碎金属片。

事故发生后，警察及时赶到了现场，此外一家汽车厂的老板，也来到这里。这个人就是后来闻名于世的汽车大王亨利·福特。福特为什么这么急着赶过来呢？因为他想从这些被撞的汽车上找到一点同行的秘密。

福特认真查看着每辆撞坏的汽车，很快他的目光就被地上一块亮晶晶的碎片吸引住了，这块碎片是从一辆法国轿车阀轴上掉下来的。福特将其拿在手里，觉得它的光亮和硬度都非常特别，之后便悄悄地将它放进了自己的衣服口袋。

回到公司后，福特立刻便将这块碎片送到了中心试验室。结果报告显示：这块碎片中含有少量的金属钒。钒这种物质弹性好，韧性强，坚硬结实，抗冲击和抗弯曲能力较强，且不易磨损和断裂。同时，公司情报部门还交上了另一份报告：法国人似乎是偶然使用了这块含钒的钢材，并没有被广泛使用在同类型的法国轿车上。

福特兴奋异常，立刻试制钒钢，结果效果不错。接着，他又开始千方百计地寻找储量丰富的钒矿，解决冶炼钒钢的技术难题……后来，福特公司用钒钢制作汽车发动机、阀门、弹簧、传动轴、齿轮等零部件，使汽车质量得到了大幅度提高。几十年以后，福特汽车成了世界上最大的汽车生产厂商之一！

福特的故事告诉我们：不注意细节，永远不会成就大事业！

同样，炒菜时，为了让菜品的味道更加鲜美，人们一般都会放些佐料进去。这虽然只是一个微不足道的小小细节，但会影响到整个菜品的质量。细节决定成败！不管是生活，还是企业，抑或是演说，要想成功，就一定要关注细节。

在演说中，关注细节，也可以为演说增添不少的光彩。那么，在演说中，哪些小细节需要我们注意呢？

1. 关注演说中使用的小道具。

演说过程中，道具的使用特别重要。合适的道具，不但能够让听众看得更直观，还能够渲染气氛。布置合理的环境，可以让听众更好地了解并喜欢我们，能够有效地调动听众的情绪。比如：个人简介以及演说主题PPT、刺激人心的音乐、引人入胜的灯光、相关的宣传条幅等。

如今，科学技术迅猛发展，电脑已经成为演说中必不可少的设备。为了增加演说效果，演说中不同的时间段，完全可以通过电脑去选择播出不同的视频、音频，也可以给整个演说会场设置不同的背景图片。

只要是演说，就少不了案例，演说中的故事，主要是让大家身临其境，让听众随着故事主人公一起哭、一起笑。比如：在讲雷声、雨声、爆炸等情境的同时，可以让乐师加入相应的真实声音，让听众产生一种“4D”的感觉，可以和故事主人公融为一体。

一般说来，演说比较激情的部分，可以选择比较明亮的灯光；比较低沉阴森的场景，灯光要调节得暗一些。条件比较好的演说场地，使用一些高档的舞台灯，更有效果。在演说节奏比较欢快时，可以使用五颜六色的灯光；比较严肃时，就以主光灯为主。通过声音、图像、文字、灯光等，可以让听众获得身临其境的感觉，演说内容也会更加深入人心。

2. 塑造一个干净利落的形象。

“人靠衣装，马靠鞍”的道理人人都懂，可是在现实演说中，总会有领导者忽略这个问题，他们将全部的精力都放在了演说内容上。

演说内容固然重要，可是，人首先是视觉动物，其次才是听觉动物，最后才是理性动物。对于听众来说，若是演说者看着顺眼，就会愿意听。所以，上台之后，就一定要尽量保持一种干净利落的形象，这是非常重要的。

3. 设计一个吸引听众注意力的小标题。

演说时，不仅要让听众提前知道演说题目，如果是PPT演说，更需要在封面的首页将标题先展示出来，比如：“成功”“幸福之路”“2013年工作总结”类似这种标题，大家多多少少都见到过。

我也相信，大家在看到这样的标题时，对于演说的兴趣，并不会特别大。为什么？因为这根本无法吸引你的注意力和兴趣。如今，信息无限爆炸，注意力已经变成了一种稀缺资源。在我们的身边，有各式各样的广告，商家的目的只有一个，就是吸引消费者的注意力。演说时，如果想要成功吸引听众的注意力，就需要设计一个能够引起听众兴趣的标题。

4. 用多了语气词，也会变成干扰。

“嗯”和“呢”等语气词，都会起到一个过渡的作用。日常生活中这样说并无大碍，可是当领导者给听众做演说时，过多使用这样的词语就会变成一种干扰。若想改变这个习惯，可以使用停顿的方式。这样，当演说大厅安静下来时，听众的目光就会朝着你聚集。

5. 不要分心，不要做太多的小动作。

演说中，领导者重复地做某个不经意的小动作，也会给听众带来困扰。比如：不停地摩擦，将手插入口袋又拿出来……这样的小动作，都会分散听众的注意力。

6. 不要过于重复，简单一点才更好。

为了引出下一张幻灯片，很多时候领导者都要重复地说某些话，例如，“这个是关于……”“接下来……”“现在我们要……”等，诸如此类的句子所要表达的是同一种意思，这些句子非常多余，完全可以找到不同的方法替代，只是你习惯性地依赖它而已。

7. 多看看台下，注意眼神沟通。

没有演说经验的领导者，演说时就会将自己的目光盯在自己的鞋子上，或是盯着某位听众，或者盯着空旷的地方。实际上，至少要看看听众席的后排，如此听众就会认为你正在看着其他听众。

最好的眼神交流是在不同的时间，看不同的地方，扫视听众；即便只是装出来的自然，那也比不自然要好。

演说，演说，先演后说

所谓演说，一半在演，一半在说！成功的演说不仅是一场听觉盛宴，更是一场视觉盛宴。更多的时候，当你走上舞台还没有开口时，听众就已经通过你的一举一动的态势语开始给你打印象分了。因此，领导者在讲话前，一定要先做好表演，吸引听众；然后再用自己的声音去打动听众，将自己的思想表达出来，让听众认可你。

这是一个眼球经济的时代，谁可以在最短的时间内最大限度地抓住人们的眼球，谁就会有更多的机会。从舞台的设计、服装的选择和灯光的配合，再到别出心裁的出场方式、标新立异的场上动作，还有说话声音的控制，都能为演说者现场的表现加分。因此，在这方面做好后即便现场演说存在一些缺陷，也不会影响演说，更不会影响到演说的成功。

先做好表演，最后说好内容。在内容传达的前、中、后都提前做好表演工作，对演说有很大帮助。那么，领导者演说时怎样才能做到这一点呢?

1. 相信自己。

首先，要相信自己、喜欢自己。相信自己在每一场演说中都可以达到预设的演说目的，得到受众的认可；相信自己会有更好的表现。优秀的领导者，都可以在演说中由内而外地透露出一种自信。正是因为这种自信，才让听众感受到一份淡定、洒脱，进而给人留下深刻印象。

2. 相信听众。

在演说的过程中，要相信听众可以理解演说的内容，可以接受你的演说风格，会适应你的演说节奏，并且喜欢你的演说。

在演说生涯中，领导者会遇到各种各样的听众，有喜欢、崇拜你的，也有讨厌、反对你的；有一听演说就不愿意离场的，自然也有中途就抽身而去的；有专心听讲、认真地跟着演说节奏走的，也少不了在台下交头接耳、不愿意听的。正面现象存在，负面也不少，但只要走上讲台，就应当从内心对自己说："听众是最好的，他们一定理解我、接受我、喜欢我！"

3. 表现自然。

所谓自然，就是做真实、简单的自己，语言和动作不矫情、不做作、不勉强、不别扭，举手投足之间，都做到顺其自然，让听众能充分感受到你的真诚、真心和真实。

演说时，一些领导者会刻意地掩饰一些东西。如：感冒了，声音就会受到影响，他们就会刻意将声音压低，尽量不让听众听出来；服装不太合体，他们怕一做动作，就会出洋相，因而刻意少做动作或减小动作的幅度……凡此种种，都是在刻意掩饰、不敢放开，不让自己处于自然的状态。

有一些领导者演说时，为了达到某一种效果，会刻意说一些话、做一些动作。比如：为了表现自己内心的激情，刻意做些快速、大幅度的动作；为了表现出自己学识渊博，刻意多处引经据典；为了表现出自己的大师风范，刻意模仿某些世界级大师的语言和动作……。但是，这些都可能会让领导者身处不自然的状态。

无论是掩饰还是造作，都是刻意的行为，都无法将自己的真诚、真心、真实呈现在听众面前，结果不是矫枉过正，就是画虎不成反似犬。

4. 自如表达。

所谓自如，就是说收放自如，该激情时激情，该沉稳时沉稳，张弛、快慢有度，不让演说进展脱离自己的控制。领导者要对演说有很强的掌控力，要对演说主题和内容十分熟悉，要清楚自己的演说目的是什么，要对演说节奏有明确的把控，并能对听众的情绪进行适度引导。

真正掌握了大师级表现术的领导者，演说都可以做到收放自如。他们的演说就像是手上的风筝，想高就高、要低就低；有奔放、有收敛、有喜悦、有哀伤，一切都掌握在自己手中。

5. 高度自我。

这里的自我，并不是指自高自大、孤芳自赏、不可一世。真正的演说大师及各行各业的精英人士都是高度自我的，有着极高的辨识度，听众接触到跟他们有关的事物时，可以立刻将他的风格辨别出来。比如，听到《忘情水》那低沉、浑厚、有浓重鼻音的声音时，我们立刻就能想到刘德华。

领导者在演说的时候，要有自己的个性和风格，要形成自己的个人魅力；要在演说中不断加强自己的辨识度，让听众一听到你说的话，就能立刻分辨出你的风格。

用自己的故事打动听众

选择一个好故事，演说就成功了一半！何为好故事？不妨联系自身实际，从中整理出有价值的内容。自己亲身经历的事情，更容易投入感情，更能够拉近与听众之间的距离，形成水乳交融的演说氛围。

讲故事是一种叙述艺术，优秀的领导者演说时都会将自己当作故事的目击者甚至当事人，用声音、姿势、动作等把整个事件、人物、环境等交代清楚；能够活生生地还原现场，引导听众认真倾听。

一般来说，优秀的领导者必然是个会讲故事的高手，网商名人崔万志就是其中的一位，下面有一段他的演说：

我出生在肥东县的一个农户家庭，出生时脚先落地，头被卡在里面，一连几个小时都下不来。我出生时没有呼吸，赤脚医生就逮着我的腿，头朝下使劲地抖抖抖，抖了10多分钟，我才有了第一声哭声，就这样我才活了下来。

我九岁上小学时，记得从我家到小学之间有一条沟，别人很容易就跨过去了，我就跨不过去。我不愿让父母天天背着送我上学，便试着蹲下然后趴在地上，然后爬下去，然后再爬上来……结果，我过去了！也许上天在我小时候就告诉我，人生没有过不去的坎！

……

大学毕业后，我和所有的大学毕业生一样面临着找工作。我天天跑人才市场，投了上百封简历，结果没有一家单位要我。我记得，最后一次，我很早就去排队，排在第一位，结果面试招聘官看到我后，却对我说："快走开，你快走开，别挡着后面的人！"从那以后，我再也没有找过工作。那天，我走在大街上，风好大，眼泪忍不住滚下来。我心里非常绝望，我要养活我自己，我要养活我自己，我要养活我自己！那个声音在我心里嘣嘣嘣地敲打着我。我想起了父亲的话：抱怨没有用，一切靠自己！我改变不了现实，我就改变我自己！

我不在乎别人对我的看法，也不再抱怨，甚至不再难过。我摆地摊、卖旧书、卖卡片，一顿饭当两天吃。坚持了半年，我开了一家小书店，后来开音像店，开超市，开网吧。在这个过程中，我的书店被烧过，我的超市被偷过，我的网吧被拆了一次又一次。后来，我又开始开网店，结果将自己20多万的积蓄一下子亏光了。再后来，我又成立了自己的电子商务公司，结果欠了四百万外债。但是，所有的委屈，所有的挫折，所有的痛苦，都被我埋藏在心里，我说不出，我也不想说！我知道抱怨没有用，一切得靠自己！就这样，我坚持、坚持、坚持，一直把我们的天猫做到第一名！

走到今天，回头再看我走过的这些经历、挫折，原来都是上天对我最好的安排。世界是一面镜子，照射着我们的内心。我们内心是什么样子，世界就是什么样子。选择抱怨，我们内心就会充满着痛苦、黑暗和绝望；选择感恩，世界就将充满阳光、希望和爱！

任何人都不愿意听那些空洞无聊的演说，大家都喜欢听故事。演说时，为了更具说服力，可以使用一些典型故事，最后再将自己的观点融入其中，听众一边听故事，一边也就接受了你的演说和观点。从这个意义上说，有一个好故事，演说也就成功了一半！

在演说培训班开课之前，我通常都会设置一个互动环节，让学员上台进行自我介绍。在北京开班的第一天，其他学员都介绍完毕，一个来自贵州的学员（刘总）却始终不敢上台。我看看他，他长相平平，身高不到一米六，面黄肌瘦，猜想他一定是从小吃过苦的人。

我连拉带拽地将他推上台。上台后，他的脸色特别苍白，浑身冒汗，双手发抖，声音小得像蚊子一样，其他学员都不知道他讲的是什么。课下，通过交流我得知，他对自己的形象很自卑，尤其是普通话一直都说不好。他出生在四川省一个偏僻的农村里，祖祖辈辈都是农民。他白手起家，艰苦创业，经历了很多困难和挫折，可是他并没有放弃。

有一次，好不容易接了一个工程，可是对方要求垫全资。为了生存，只好垫资接下了这个工程。却不承想，这家公司是个骗子，工程做完，不但不愿意给钱，还带人来威胁他，家里仅存的十万元血汗钱就这样打了水漂。因为这件事情，他生了一场大病。绝望之际，是亲朋好友伸出援手，帮助他渡过了难关。

我听了之后，忽然灵机一动，对他说："这么好的故事，演说时说出来多好啊！"

在结业的演说比赛中，他的演说虽然没有华丽的辞藻、圆润的声音、优美的动作，可是将自己的人生经历和感悟，用最为朴实的语言和最真挚的情感表达了出来，感动了所有的学员，得到了第二名的好成绩。

果然功夫不负有心人，现如今他的企业越做越大，在当地小有名气。

这个故事说明一个道理，每个领导者都能成为演说家，前提是要付出、要努力。重要的是要感动听众，要用自己最真实的故事感动听众。

没有人喜欢空洞的演说，人人都喜欢听故事，尤其是领导者自己的故事。既然是听你的演说，听众肯定会对发生在你身边的事情更加关注，与其找些外面的故事来讲，倒不如将自己的故事讲给听众听。而且，发生在自己身上的故事，领导者都有亲身体验，讲起来感情会更真挚。

引用精确的数据，更具说服力

现代社会复杂多样，导致我们总觉得，只有数字支持我们的思想观点才会感觉安心。事例能让问题变得鲜活，给予其人性化，可是听众难免会质疑到底有多少人被这个问题影响。这样的情况下，就应当求助于数据。

在这个纷繁复杂的社会中存在着各种不确定因素，人们的内心深处都会出现某种疑惑。跟空洞的文字语言比较起来，数字似乎更让人感到踏实，更让人安心。演说中，如果想提高说服力，仅仅依赖于文字语言等，效果多少都会弱一些；如果能引用一些行业内的数据，用具体的数据来为自己的理论和思想做支持，也就更能说服听众了。

研究表明，只有数据支持的事例，才更具有强悍的说服力和典型性。

乔布斯在2008年macworld大会上召开iPhone200天生日庆生会时候说过这样一段话："我非常高兴地向大家汇报，我们迄今为止已经售出了400万部iPhone。"或许很多人都觉得话讲到这里就行了，可是乔布并没有停止，他接着说："在这很短的时间里，iPhone已经占据了将近20%的市场份额。"

近20%的市场份额，这个成绩非常让人震惊，但是他依旧没有停止，将目前市场上的手机市场份额比打在了幻灯片上：第1名是黑莓，占比39%；第2名是iPhone，占比19.5%。最后，乔布斯把iPhone市场占有的份额和其他竞争对手的手机所占的市场份额做了一个对比，他得出的结论是iPhone的市场份额是其他3家的总和。

数据，就像简洁的实例，经常被用来阐明或者支持演说者的某个观点。

在演说或开会的时候，作为领导者的你，完全可以结合数据与事例，用以显示某一问题的重要性和严重性。

阿里巴巴“教主”马云先生在第九届网商大会上，有过这样一段发言：

我记得，在2003年第1次开始召开网商大会时，2003年整个淘宝的交易额不到1个亿，今年淘宝网的交易额会过1万亿，变化1万倍。网商从一个概念到今天的落地，已经成了中国今天主要的一个商帮力量，在改变着、影响着中国。

1万亿是什么概念？意味着中国排名第17个省的GDP。全中国超过万亿人民币GDP的省只有18个，去年陕西省的整个GDP也就1万亿。

这篇演说，被众多演说老师奉为宝典，纷纷对其做出分析。为了提高说服力，马云使用了很多数据，当他讲到“中国过万亿的GDP的省只有十八个……”时，几乎引爆了全场。看这段文字时，很多人都会察觉到一种强大的震撼力，更容易受到感染。

每个行业都拥有自己的数据，演说的时候，领导者一定要将这些数据的意义充分挖掘出来。如果大家觉得有趣味、感兴趣，可以去看看李开复老师的PPT，整个屏幕上都是数据，精彩绝伦的言论却非常少。

对于任何行业来说，脱离了语境的数据都不会给人留下什么深刻印象，只有将数据放到具体的情境中，结合人们熟悉的事物进行讲解，才可以让数据更有意思，更有说服力，才可以真正实现用数据说话。那么，在演说时，要怎样引用数据呢?

1. 说明数据的来源。

数字特别容易被人操纵，只有细心的听众，才可以注意到演说者的统计数字来源。因此，为了让人们接受你所使用的数据，最好将数据的来源直接告诉听众。因为，只有这样的数据才是真实可信的。否则，人们就会觉得你的数据是肆意编撰的，不足以相信。

2. 解释数据的意义。

数据本身并不会说话，要通过自己的语言做好阐释，用通俗易懂的语言表达出来，让听众接受。事实证明，直观告诉听众比让听众猜往往更能得到听众的认可。

3. 简化复杂的数据。

珠穆朗玛峰的海拔高度是8844.43米，圆周率约是3.1415926，故宫有房屋9999间，月球离地球大概是384401公里……这些数字都很有趣，但是听众听起来还是太复杂。除非有很重要的原因非得拿出准确的数字，否则就可以把这些数字约整，完全可以说：珠穆朗玛峰的海拔高度是8844米，圆周率约是3.14，故宫有房屋大概1万间，月球离地球大概是38万公里。

4. 说明数字表明的趋向。

演说时，可以对数字表明的趋向加以说明，能够让统计数字更容易被理解。比如在介绍2003~2005年长三角与珠三角地区城镇居民家庭人均可支配收入的情况时，可以这样说："2003年长三角人均可支配收入是12087元，珠三角是16033元。2004年长三角人均可支配收入是13795元，珠三角是16681元。2005年长三角人均能够支配收入是15607元，珠三角是17477元。两个地区的人均可支配收入都是增长的，不过明显长三角地区增长的幅度要大些。"

5. 不能胡乱使用数据。

数据固然对演说有一定的帮助，可若是一个演说从开始到结尾都是数据，听众就会特别容易睡着。只有在需要时，才可以插进一些数据；只有确保这些数字容易为听众所理解，才能够真正发挥数据以一当十的作用。

事实胜于雄辩

领导者如果想让自己的演说更具有说服力，就一定要坚持内容的真实性，因为只有事情真实，听众才会相信你；否则，不但没有任何说服力，还会成为大家的笑柄。

说到事实胜于雄辩，可能很多人都会立刻想到西门豹的故事：

战国时候，西门豹受魏王委派，到一个叫邺的地方做县令（今河北临漳县）。可是在该地，西门豹却发现，这里人烟稀少，荒凉一片。他问老百姓，究竟是怎么回事儿？

一位白胡子老人说："都是给河伯娶媳妇给闹的。河伯是漳河的神，每年都要娶一个年轻漂亮的姑娘，如果不给他送去，漳河就要发大水，淹没所有的田地和村庄。"

西门豹问："这些话出自谁口？"

白胡子老人说："巫婆说的。地方官吏每年都要让老百姓出钱给河伯办喜事，每次都会汇集几百万钱，办完喜事后，剩下的就归这帮人了。"

西门豹问："新娘子是哪儿来的？"

白胡子老人说："只要是看到年轻漂亮的闺女，巫婆就会带人去领。当然也可以花钱消灾，可是老百姓哪有那么多钱？有闺女的人家都迁走了，因此人口越来越少，地方越来越穷。"

听了老人的讲述之后，西门豹决定，等下次再发生这样的事，自己就来看看。很快，又到了河伯娶媳妇的日子，西门豹带着卫士果然来了。巫婆和地方上管事人急忙迎接。

西门豹让巫婆将新娘领来看看。西门豹看到女孩满脸泪水，对巫婆说：“这姑娘不漂亮，你到河里跟河伯说一声，再选些漂亮的，过几天送去。”卫士抱起巫婆，把她投进了漳河。过了一会儿，西门豹看到巫婆还不回来，便决定让巫婆的徒弟去催一催，又将巫婆的徒弟投进了河里。

又等了一会儿，西门豹说：“看来事情还没办完，麻烦地方官给河伯说说！”地方官个个吓得面色如土，急忙跪地求饶。老百姓这下明白了，原来巫婆和地方官都是害人骗钱的。

在事实面前，即使你使用再多的花言巧语，也是苍白无力的。人们之所以会对事实表示信服，主要就在于，事实是所有思想产生的客观基础，是验证真理的试金石。事实，比任何形式的言辞都有力，都更能让人感到信服。

同样，在演说中，离开了具体事实，再华丽的语言也经不起推敲。因此，要想提高演说的说服力，就要多用一些真实材料。

弗·道格拉斯出身于奴隶，却是美国著名的废奴主义者，1846年5月，他在伦敦发表了一次演说，部分内容如下：

……这就是美国的奴隶制！没有结婚的权利，没有受教育的权利——福音的光辉透不进奴隶幽暗的心灵，法律禁止他读书识字。如果一个母亲教她的孩子认字，路易斯安那的法律就宣布她将受到绞刑。倘若一个父亲想让他的儿子识几个字母，他立即会受到鞭笞，而在另一场合下，法庭可以随时把他处死。

奴隶主的残忍是罄竹难书的……饥饿、血腥的皮鞭、锁链、口衔、拇指夹、猫抓背、九尾鞭、地牢、警犬，都被用来迫使奴隶安于他在美国为奴的处境……

（在美国）报上也时常刊登如下广告：叙述有的逃奴颈上戴着铁圈，脚上拴着铁链；有的浑身鞭痕；有的带着火红烙铁烧成的烫伤——他们的主人把自己的名字的开头字母烫进他们的皮肉里……不久前发生过这样一桩事：

一个女奴和一个男奴在缺乏任何法律保护的条件下作为夫妻结合在一起。他们的同居得到了他们主人的同意，最后成立了一个家。后来，主人发现，为了保护自己的利益，最好把他们卖掉。他没有询问他们对这件事的愿望，他们的愿望是不予以考虑的。

在拍板声中，一男一女被带到拍卖台旁。喊声响了："瞧啊，谁出价？"想一想，是一对夫妇在待价而沽呀！女的被领上拍卖台，四肢照例被野蛮地展现在买主们面前，他们可以像相马一般地任意察看她。丈夫无能为力地站在那里，他对妻子毫无权利，处置权属于主人。最后，她被卖掉了。

接着，男的也被带到拍卖台。他双眼紧盯着走远的妻子，以恳切的目光望着购买他妻子的那个人，乞求把他一起买去，但是他终于还是被别人买去了。

男的看到立刻就要同他相亲相爱的女人永别，变恳求新主人允许他去跟妻子告别，但没有获准。在极度痛楚下，他挣扎着冲向前去，打算同妻子话别。但是，他被挡住了，并且当头挨了狠狠一鞭，被抓了起来。他伤心极了，当命令他出发时，他像死人一般倒在了主人的脚边……

这个演说，淋漓尽致地揭露了美国奴隶制度的罪恶，催人泪下。无可厚非，这个演说非常成功，最主要的原因就是选择了真实性的材料。

演说材料真实，演说才会有说服力，才更加有利于人们形成坚定的信念；任意臆造和虚构材料，很容易发生冲突，最后势必会被揭穿。

在演说时，为了让自己的演说更具备说服力、更精彩，很多领导者经常会增加一些情节、内容，有时候甚至夸大事实。如此，表面上看起来似乎更加精彩，可这样的演说却总是经不起细致推敲。特别是在演说一些专业性比较强的内容时，任意夸大事实，只会让听众觉得虚伪、不真实，从而让听众有厌烦情绪。

事实胜于雄辩，是一个亘古不变的道理，演说亦是如此！

所谓真实，就是说演说材料的客观性，就是说所选材料是客观世界确实存在的、符合历史实际的。只有真实的材料才最有说服力，才有利于人们形成坚定的信念。

当然，为了保证材料的准确性和可靠性，一定要交代材料的出处；如果引用实例，就一定要说清楚是什么人、什么时候、在什么地方、干什么事、为什么以及怎么样，如此才能增加真实感，提高信息的可信度和影响力。

同时，也要知人论事，既不能夸大事件的意义，也不能拔高人物思想，更不能低估事件的价值、贬损人物品德。对于使用的书面材料，要严格检查、核对，要善于鉴别、去伪存真；千万不要抄转讹传、张冠李戴，否则必然会引起笑话。

用幽默的语言博得听众喝彩

含蓄风趣的材料和语言，寓庄于谐，会让人在会心一笑的同时，体会到高尚的情趣和深刻的道理。因此，演说经验丰富的领导者从来都不会忽略幽默，总会以笑来调节台下的情绪，激发出听众回味无穷的遐思。

要想成为优秀的演说家，需要的不仅仅是口若悬河，还需要精辟的学识、广博的知识、丰富的联想及多种多样表达自如的手段。毫无疑问，幽默诙谐就是演说的重要手段之一。

说到喜欢使用幽默手法的领导者，不能不提到俞敏洪。在他的演说中，我们总是可以找到幽默点。

在北科大演说时，俞敏洪曾有过这样一段话："我以前来过北科大，不过目的不纯，是为了找女朋友。但遗憾的是，北科大女生都不喜欢我。"

这个开场白诙谐、风趣，引得北科大学子哈哈大笑。

2010年6月9日，俞敏洪在家乡的江南大学演说两小时，吸引了一千多名大学生听众。演说一开始，他就说道："我18岁离开江南水乡去了北京，被北方的风沙吹得一脸沧桑。"

幽默的语言，立刻就拉近了他和家乡学子之间的距离。

2010年5月7日晚，俞敏洪来到诚毅学院进行中国大学生励志系列公益演说时，说道："终于见到了活着的俞敏洪！其实我知道，很多人到这儿来不是来听我演说的，是来看看我活得怎么样的。今天我就来和大家随便聊聊在成长过程中，我认为重要的东西和领悟。"

2010年5月10日下午，俞敏洪来到温州中学演说时说："其实我更喜欢走到大家中间去演说，可惜话筒受限。不过看我模模糊糊，你们才会更喜欢我！"

……

在这些案例中，俞敏洪以谦恭、揶揄的自我解嘲形式低调出场，诙谐幽默的语言，感染了听众，活跃了会场气氛，也让自己和听众之间建立起了亲密无隙的关系。

通常，幽默都有把复杂的内涵观点形象化的效果，适当糅合幽默的成分，可以增加演说的说服力，帮助听众一针见血地将问题的实质把握住。

幽默诙谐中，充满了令人愉快的才智，这对于"集体接受"的听众具有非常特殊的意义。如果已经娴熟地掌握了幽默技巧，在演说中插入一些妙趣横生的内容，往往比振振有词的套语更为动人心弦。那么，在演说时，领导者要怎样运用幽默语言呢?

1. 用幽默之言开头。

在演说开始前，除了需要事先收集一些"即席"的笑话、趣闻、妙语，让整篇讲词都处于最生动协调、严密而雄辩的状态外，还应该设法和听众打成一片，用幽默创造一种轻松的氛围，消除人们的紧张情绪。尤其是如果反对你的听众众多，最好在演说之前排除部分障碍，淡化反感。

殚精竭虑地以幽默消除敌意，风趣地介绍自己，都是为观众"启动"创造轻松自然的氛围，而一旦"启动"，观众心中自然会产生一种共鸣。

2. 用幽默之言结尾。

在整个演说中，使用幽默之言来升华，也是所有玩笑机智的总爆发，可以让领导者言之凿凿、徐徐道来的真理留在听众心上，让意蕴绵绵不绝。

一次，"戴维斯杯"网球赛结束后，云南省体委在昆明滇池湖畔的国家体育训练基地为印度尼西亚队饯行。印尼队输给了中国队，队员们情绪低落。该队领队就在致辞时，说："尽管我们尽了最大努力，但由于不适应气候等原因，我们队伍的技术没有很好地发挥，遗憾地输了球。但这对东道主中国队来说，我们无疑是最好的客人。今天我在这里祝贺贵队取得优良成绩，就是最好的证明。不过，来日方长。如果我们下次再来做客时，不能成为你们最好的客人，也请尊敬的主人不要见怪。”

不卑不亢，礼貌而幽默，领队的回答，尤其是那绝妙的结尾堪称珠圆玉润，堪称豹尾。

成功的演说都要在整体上追求真理的启迪、感情的激发、艺术的感染、行动的导引等效果，隽永是其格调上的体现。通过温和的幽默力量来讲述一个事实，或者表达一句妙语，或者向听众道声祝福，每每都会唤起听众会心的一笑。

3. 即兴幽默的“门道”。

即兴发挥得出彩，是许多企业领导者求之不得的美好境界。可是，很多时候，即使我们经过切实的努力，也并不是完全能办得到。那么，怎样才能摸到门道呢?

一次，作家库恩应邀到一位评论家的新居吃饭。在举起椅子时，库恩不小心碰掉了灯罩。评论家立刻笑着说：“灯罩的碎片可千万不能随便丢掉，我也有向现代文学馆捐赠的礼物了。这可是大作家库恩亲手打碎的灯罩啊！”一席话说得满座粲然。

一问一答，和听众积极互动

沟通是一种互动，没有互动，就无法实现心动；心没有动，自然就不会产生情感上的共鸣；没有共鸣，也就无法将自己的思想传递出去了。

演说，不是一个人站在舞台上自说自话，而是一个台上和台下积极沟通的过程。

为了实现成功的提问式互动，世界房地产销售第一名汤姆·霍普金斯演说时走下台来和每一个人握手；俞敏洪在台上演说时，时时刻刻都注意和台下的听众提问回答互动；马云在演说时，同样是这样。

通常情况下，优秀的领导者不仅会让自己的语言表述得精彩，更能在演说的过程中很好地与听众进行互动，让现场氛围活跃起来。

一次，陈安之为听众做演说。可是，到了中途，台下噪音四起，特别是有些女性还交头接耳窃窃私语。陈安之眉头一皱，计上心来，立刻停止了演说，高高地翘起左手大拇指说："在场的男士们，就像大拇指——好样的！"男士们在听了之后齐声叫"好"；之后，他又伸出小拇指大声说："在场的女士们，就像小拇指……"

女士们沸腾了，开始抗议。陈安之接着说："女士们像小拇指：小巧，伶俐，苗条，秀美，聪慧！"女士们听了之后，转怒为喜，报以热烈的掌声。之后，他又举起大拇指说："男士们像大拇指：健壮有力！坚定稳重！一夫当关，万夫莫开！"男士们又欢呼雀跃了。

陈安之同时伸出大、小拇指说："大拇指和小拇指，都是好样的！"

又伸出五根指头说：“中间的指头，像老人和孩子居于中心位置，成为保护对象！正是这五根指头团结一致，协调配合，力量无穷，才创造了整个世界！”大家都热烈鼓掌。

最后，他又高翘起大、小拇指问：“有哪位女士愿意做大拇指，哪位男士想当小拇指么？”台下鸦雀无声。陈安之开始继续演说。

仔细分析这段文字就会发现，陈安之是异常聪明的。为什么这样说？在听众注意力分散时，陈安之临场发挥，巧妙地运用手势和动作制造悬念，故意激起听众的喜怒情绪来，之后又急转直下，分别做出有利于男女听众的解说，让大家都转怒为喜，皆大欢喜，又集中精力仔细倾听他的演说。

在演说时，优秀的领导者总会有意识地让听众参与其中，和听众相互提问回答，如此自然可以得到不错的演说效果。那么，怎样在演说时通过提问的方式，让自己和听众互动起来呢？

1. 抛出话题，引发听众讨论。

俗话说：“只要诱饵合适，最难上钩的鱼也会上钩。”在论述新任部门经理怎样管理团队的话题时，可以事先抛出一个让人困惑的话题，用“部门经理能不能与下属交朋友呢？”这个话题让大家思考部门经理的角色定位。当大家在争论中相持不下时，就可以引出部门经理和下属相处时怎样处理私人情感和工作关系的原则和注意事项等话题，如此效果会非常好。

2. 倾听回答，不要打断。

在和他人沟通的时候，有个重要的原则就是，不要随意打断对方的话。演说中，同样如此。在和客户或下属互动的过程中，对方一旦说话，领导者就不要轻易打断。

如果他们的表达能力欠佳，内心就会非常紧张，希望快点结束问答。这时候打断他们，无异于一种“救助”行为，听众就会停止发言而用“是”或者“不是”去回答你的提问，氛围就会立刻减弱。

3. 循循善诱，赞扬加提问。

心理学研究表明，在精神需求方面，认可和赞扬都是人类重要的基础需求。不管是性格外向，还是内向，在听到赞美的话后，都会感到心情愉悦，会产生一种交流的冲动。所以，领导者在讲述专业性很强的内容时，如果想提出一些互动性问题，就要秉承“先易后难”的原则：先引人入胜，再由浅入深。

4．先讲故事，再提出问题。

问题的提出有时候需要跟故事结合在一起，具体方法就是：先讲故事，后提问题。讲故事的过程也是吸引听众注意力的过程。如果想跟听众保持良好的互动，首先就要将他们的注意力吸引过来。

一次，碧桂园委任杨惠妍做演说。上台之后，杨惠妍就给听众讲了一个《圣经》中的小故事：

一位富商打算出去远游，临行前分别给三个仆人留了同样的钱，并对他们说：“这笔钱你们可以任意支配，等我一年后回来，再还给我。”之后，富商便离开。拿着这一笔钱，第一个仆人开始做生意，结果血本无归；第二个人也做生意，结果赚了数倍的钱；第三个人则把钱珍藏起来。一年后主人按期回来，听了三个人的讲述后，给第一个亏本的仆人补足同量的钱，吩咐他以后经商精明些；对第二个仆人则大加赞赏，奖励他更多的钱去扩大生意；而对第三个仆人，则斥责他懒惰，之后立即收回了本钱。

故事讲完之后，杨惠妍问听众：“主人这样做公平吗？”听众议论纷纷、讨论热烈，有人说“公平”，有人说“不公平”。杨惠妍没有立即表态，又说：“在这里，我先不评论主人是否公平，最后再下结论。如果觉得我的观点不对，欢迎唱反调；哪句话不当，可以和我唱对台戏！”大家齐声说“好”！之后，她趁机亮出了自己的演说主题，继续侃侃而谈。

先讲个故事再提问，让听众回答“是”或“不是”，台上台下，遥相呼应，大家听起来就会非常认真。在这个演说中，杨惠妍有四个地方做得非常高明：

（1）以故事开场，激发了听众的兴趣，把注意力集中在演说内容上；

（2）故事讲完又提问题，让听众讨论，引起听众参与的兴趣；

（3）欢迎听众唱反调，有意让听众唱对台戏，听众自然会认真倾听演说；

（4）随时上问下答，遥相呼应，积极互动。

通过这样的一番互动，在演说结束时，听众自然会耐心听完她的演说，更会欣然接受她的观点。

了解演说的两个基本原则

如果想取得理想的演说效果，就要充实自己的语言内容，一定要“言之有物”！只有具备了好的中心内容，才可以开始一场成功的演说。

演说时，有些领导者缺乏内容，好不容易记住了，一说就又忘了，为什么会这样？因为言之无物、内容空洞；还有些领导者抓不住听众想听的内容，令听众对其演说失去了兴趣。

爱默生曾说：“人生最美丽的补偿之一，就是在真诚地帮助别人后，同时也帮助了自己。”“赠人玫瑰，手有余香”说的也是这样的道理。我们总会在帮助别人的过程中成就自己。演说，也是为他人提供帮助的一种手段。

任何成功的领导者都是先对听众提供帮助，然后才会成就自己；相反，仅仅为了成就自己，忽略了对听众的帮助，演说效果定然会很差！

一般来说，优秀的领导者在演说时会坚持两个基本原则：

1. 为听众提供帮助。

演说可以对听众的知识、行动和感受产生影响，这也是演说的一般性目的，更是演说的价值所在。通常，优秀的领导者演说都要实现下面三种目的之一：传达信息、说服听众，或启发听众，总之都是为了给听众提供帮助。当然，为了实现这一点，就要注意下面几点：

（1）演说内容要适合。

秉着帮助别人的目的，设置的演说内容就一定要适合具体的场合，这也是确定演说内容时一定要考虑到的。如果听众都是初中文化水平，就不要用文言或有深度的句子；如果面对的听众文化水平比较高，就可以使用一些比较文雅的词语；如果是给员工开动员会，就要使用慷慨激昂的语言，激发起大家的热诚；如果是给客户介绍商品，就要使用朴素的语言……。

演说时，忽视了具体内容的选择，无论领导者的拳头握得多紧、声音再大，恐怕听众也只会是茫然一片。总之，在确定演说内容时，一定要注意它的适合性。只有适合听众的身份特征、适合当时的情景，才易于表达，才会表达得更好；只有适合听众的要求，才会被人接受，才会产生理想的效果。

（2）演说内容要有价值。

从微观上来说，每位领导者的每次演说都有着具体的目的。仔细分析就会发现，不管是近代时闻一多的揭露敌人、鼓舞听众、发展民主运动，还是现代时曲啸、李燕杰等对广大青年进行理想、道德等方面的教育，最后的目的，都是向听众传递自己的思想和价值观。

美国第16任总统林肯的解放黑奴的演说，目的就是动员美国人民为解放黑奴、废除奴隶制而斗争；杨振宁、李政道二位科学家发表的学术演说，目的是宣传他们的科学发现，让社会接受他们的正确观点，从而推动科学文化的进步。

（3）传递自己的思想。

俞敏洪在同济大学有一段演说，印象令人深刻：

人的生活方式有两种：第一种是像草一样活着。尽管活着，每年还在成长，但是毕竟是一棵草；吸收雨露阳光，但是长不大。人们可以踩过你，人们不会因为你的痛苦而产生痛苦；人们不会因为你被踩了，而来怜悯你，因为人们本身就没看到你。第二种是像树一样成长。即使我们现在什么都不是，但只要有树种，即使被人踩到泥土中间，依然能够吸收泥土的养分，成长起来。

也许两年、三年你长不大，但是八年、十年、二十年，你一定能长成参天大树。当你长成参天大树后，在遥远的地方，人们就能看到你；走近你，你能给人一片绿色、一片阴凉，你能帮助别人。即使人们离开你以后，回头一看，你依然是地平线上一道美丽的风景线。

树，活着是美丽的风景，死了依然是栋梁之材。活着死了都有用，这就是我们每个同学做人的标准和成长的标准……

俞敏洪的这段演说，是演说中的经典，给很多年轻人指明了未来的道路。从一定意义上来说，这段演说的成功就在于，演说的目的是教育人、启迪人，能够让听众的思想认识、文化水平得到提高。

2. 努力成就自己。

演说，是一个对双方都有利的活动，很多领导者都通过演说来宣传自己的主张、观点、理念等，如此也就在演说中成就了自己。波兰第一任总统瓦文萨就是依靠演说成就自己的。

瓦文萨从一所技工学校毕业后，在波兰的一家造船厂中做电工。因为能说会道，经常上街发表演说，最后他参加了波兰的团结工会。看到他口才不错，有着娴熟的演说技巧，波兰团结工会的领导看中了他，之后让他先后担任了波兰团结工会的宣传干事、宣传部长，最后成为团结工会的主席。

1989年东欧剧变后，波兰施行了资本主义，雅鲁泽尔斯基担任临时代理总统。雅鲁泽尔斯基是一个有多个博士头衔的、在国际上有影响的著名的学者。代理总统半年后，进行正式的总统竞选。当时，一共有两个候选人，一个是代总统雅鲁泽尔斯基，而另外一个就是波兰团结工会主席瓦文萨。

在正式竞选之前，进行了民意测验，瓦文萨的支持率只有30%。可是，随着瓦文萨到全国各地进行巡回演说，伴随着他的演说和口才能力的表现，大家对他的好感直线上升。最后，在投票前夕的面向全国直播的电视论辩上，瓦文萨用自己杰出的口才、高超的演说技巧将有博士头衔的国际著名学者、代理总统雅鲁泽尔斯基驳得哑口无言、体无完肤，使他一败涂地。在之后的投票中瓦文萨获得了70%多的高票，当选为第一任正式总统。

其实，不管是哪个国家，无论是商界，还是宗教界，尤其是政界，如果一个人想要出人头地、大有作为，就一定要学习和掌握演说技巧。

对于企业领导和总裁来说，演说能力是一种特别重要的生产力，它的好坏就直接影响着个人和企业的成败。不管你从事的是哪个领域，只要能说会道、能言善辩、谈笑风生、口出成章，都会具备一种特殊的优势。

卓越的演说能力，也是成功的代名词，更是领导者制胜的法宝，甚至决定了一个人的命运！

王石：徘徊的灵魂

2009年1月11日，2008年度观察家年会在北京举行。以下是万科股份有限公司董事长王石先生的演说实录（内容有删减）：

大会主席、各位嘉宾，中午好！

这个题目给大会之后，大会组织者吓了一跳。因为谈灵魂谈宗教，显然不合时宜。2008年用三个字总结就是“想不到”，无论是个人、企业、国家都没有想到我们在30年的改革之后，取得了这样瞩目的成就。当然，我们对于过去的总结更多的是基于对未来的展望。

刚才我们听了茅于轼老先生的发言，他的发言很年轻，就是未来30年的可能。我之前去过耶路撒冷大屠杀的博物馆，也去过柏林的大屠杀博物馆。我觉得，这两个博物馆的区别就在于：柏林的大屠杀博物馆把大屠杀淋漓尽致地展现出来了；但耶路撒冷非常理性，理性地分析了为什么犹太人在这么短的20年内被屠杀。“二战”时候有了工业文明，只不过是用工业文明来屠杀犹太人，在4年时间用非常科学的方式把犹太人屠杀了。

科学带来的是不是就是文明、进步？不是！大屠杀就是基督教文明的伴随产儿。中国改革开放发展到今天也已经30年，我们也强调科学，但是不是只要强调科学、只要坚持走下去，经济发展就一定是进步的、民主的、光明的？不是！

我非常感谢去年提前的宏观调控。因为提前一年做了应对金融风暴的准备，所以大家感到很冷，我却感到很舒服。我想说的是，去年一年的经历不算什么，在这些国家的大事件上，个人荣辱是微不足道的。

那么，我们该存钱还是花钱？花钱时他们说我出去消费，但是杨凯生行长发言时说大家要存钱。困惑什么？现在很多人在猜想，说万科2009年、

2010年的市场走向怎么样，房地产价格怎么样？我知道在座的都想听这个，我想说的是，万科有一个专门的研究部门，我们都有数字，但是在这里，我不告诉你们。

我想说的是，万科为什么要非常坚决地做那样一个调整价格的决定？1992年当时常务副总理朱镕基进行宏观调控，就是为了防止股价虚涨、房价虚涨。当时，我提出，万科超过25%的利润不做，房地产利润不超过40%就不要考虑了。结果，不被理解。因为当时房价很好、股价很好，大家都欢欣鼓舞。3年后，1998年万科发现自己成了上市公司中最大的公司，但我们的利润却非常小。

2007年我们欢欣鼓舞，在2006年至2007年上半年时，我只能用4个字来形容对于市场的感觉："胆战心惊"。房价、地价都在上涨，香港、亚洲的金融危机，日本的泡沫破裂，中国看来仿佛就要发生地产危机了。但是，什么时候发生？不清楚，我们不是算命先生。

地价高时也得高价买地，但是根据宏观调控，我们坚决调房价，因为我认为整个调整现在才刚刚开始。但是，对于万科却是个战术问题，是比较好调的。什么问题？不仅是房地产行业，对于整个中国的企业行业来讲，这里还有一个心态问题，什么心态？牛市心态！追逐财富甚至不择手段！浮夸、浮躁的心态！万科这两年进行了什么调整呢？

首先，房地产是一个非常粗放的行业，还在提供半成品，就是所谓的毛坯房，万科完成了从毛坯房到精装修的产品提供。为什么提供精装修呢？还是邓小平那句话："我们不争论"，我们就必须精装修。2009年我问，精装修对于市场上是一个负担，还是一个竞争点？大家很高兴地说，是一个竞争点。

其次，是坚决做产业化，改变传统方式，改变能耗、低效率的提供产品的方式。2007年市场的产业化成本非常高，谁买单？消费者！政府虽然鼓励产业化，但并不会买单，只有万科买单。在房地产市场好时，买单可以加在售价上面，但是2006、2007、2008年市场非常好，我们进行了高投入的产业化，到了2009年市场不大好时，就是高成本。对于万科来说，我们将来会往哪里走？要想转变这种靠粗放消耗能源，仅想靠市场的旺盛需求是无法支撑的。

相对中国的其他企业，万科不是成立很早的，但是我们有后发优势，不仅可以借鉴国际上的优秀企业是怎么走出来的，也可以借鉴中国的新型企业是怎么走出来的。比如：联想、海尔、华为，都是万科借鉴学习的对象。虽然这些企业和万科成立的时间差不多，但是他们走国际化的道路很早。相对来说，我们走的是华为道路。我觉得，华为走的是一条如何从营销生产型转向研发技术型的道路。显然，万科也在走这样一条道路，通过营销生产中国住宅产业化向研发技术型转化。

……

整个的金融危机来了，中国的大势没变。问题是，我们要走向哪里？25年前我去深圳，当时觉得受委屈、很压抑，看到香港人的生活水平比我们高得多，就想改变生活方式。但是再往下走，却遇到了很多压力。原因何在呢？我觉得就在于，我们没有确定自己的天花板。万科的底线是不行贿、不做暴利，这些我们都做到了，我们洁身自好，对发展非常有信心。但是，个人在社会上出名了，企业在社会上的位置比原来重要了，到底应该怎么说？怎么做？怎么引导？根本没有做好这个参照性。

未来30年中的不确定，我们该怎么要求自己？像《经济观察报》这样的财经媒体，应该给我们进行公民责任方面的引导，在观念、思想、信仰等方面再给我们一些引导。

谢谢各位！

第四节
出色的临场发挥不可缺

意外不可避免，要善于救场

演说时，可能会出现各种各样的突发状况，然而演说又不是拍电影，既无法立刻叫停，也无法返回去从头再来。既然意外不可避免，就要提前做好救场的准备，做到防患于未然。

演说过程中，如果真出现了意外情况，一定要从容面对。可以说，领导者的机智风趣，不但能够巧妙救场，更可以激活听众的思想和情绪，活跃会场气氛。与现场听众有了互动和交流，更可以引起听众的共鸣。那么，在演说中，应该怎样用巧妙的方式来救场呢?

1. 借周围的“景”巧妙发挥。

因为场地的原因，很多演说都可能被外界干扰，特别是一些重大主题的演说，内容都有些大上空，本身就很难吸引人；再加上外界的干扰，演说会难以顺利地进行下去。这时，完全可以将眼前意外发生的“景”跟演说巧妙结合起来，让听众产生这边“风景”独好之感，化解外界的干扰，把听众的注意力重新吸引回来，给演说增添情趣。

2. 灵活处理忘词现象。

忘词，这样的现象最为普遍，很多总裁演说时都会出现忘词的情况。站在演说台上，演说者的思维很容易被打断，忽然就不知道下面要讲什么了，甚至不知道自己在说些什么。遇到这种情况，很多领导都会感到惊慌不已，甚至垂头丧气，退场休息，丧失信心。

经过多年的实践，我发现：遇到这种情况，一定要先稳住自己的情绪，因为你越是焦急，越是想不起来。可以使用岔开话题的方式，说一两句和讲演内容无关的话，语速尽量放慢。

比如：“我刚才所讲的，大家都听清楚了吗，让我们强调一下重点，加深印象。”一定要留出充足的思考时间。或者，可以重复一下最后一句，最好加重语气，让自己有时间把之前断了的思维链条衔接起来。

3. 将错就错，不纠错。

演说中，领导所说的每句话都会传到听众耳中。所说的话就像是泼出去的水，即使说了什么错话，也不要立刻进行纠正，可以应用重复纠正的方式调整口误带来的影响，也可以选择合适的时机加重语气讲述一下自己说错的那句话，比如：张冠李戴，记错了年份、人名、地名等。临场发挥出色的，还能借题发挥、巧妙化解，或者将错就错、当作反面教材等。

一次，一位企业领导作为特约嘉宾去参加一所小学的开学典礼，轮到他发言时，他说：“很高兴来到贵校，我代表学校全体欢迎你们来到这里！”

说到这里，他意识到自己说错了话，接着说道：“不好意思，我作为嘉宾，怎么能代表贵校、反客为主呢？自己常常站在台上，形成了思维习惯，果然是定式习惯思维害人不浅呀，校长、老师、同学们，工作学习的时候一定要激发潜能、发散思维，千万不要像我一样形成惯性思维啊！”

4. 不着痕迹地赞扬听众。

企业总裁或领导者虽然知识面广，可是也不能做到事事精通、样样上手，即便有的方面自己异常熟悉了解，依然会出现一些纰漏之处。

演说中，如果听众对演说内容比你还了解得更加深入，多半都会向你提出问题。因此，我们不但要对演说内容做好充分准备，还要具备迎难而上的精神，提高自信力；同时，还要保持谦虚的态度，不着痕迹地赞扬听众。

5. 使用各种手段，让听众与你配合。

如果想成功救场，就要使用各种方法，让听众跟你互动起来。比如：精心准备了几个互动小游戏，却没有人来配合，自然就容易出现冷场，甚至还会出现大声喧哗、喊叫等不文明行为。出现了这样的问题，就要深刻剖析产生这种问题的原因，从源头开始改善。

（1）演说时，领导者要时刻审视自己。听众之所以不配合，通常都是由你引起的，比如：出现口误、语气欠妥、态度散漫、用语冗长乏味等。这些都会影响到听众的收听效果。这些原因都来自于作为演说者的你，因此一定要及时改正。

（2）要善于调动气氛。要想达到这种效果，就要多使用鼓励、赞扬的话语。有句开场白特别经典：“言行一致，成功的开始！”若是听众不配合，就可以问问他们：“你是不是言行一致的人？你能不能做到言行一致？”

（3）努力让自己的语言幽默、风趣。风趣幽默的语言通常都更能吸引听众的注意力，让听众的思维沉浸在你的演说中，因此，努力让自己的语言幽默风趣一些是化解意外的不二法门。

受到外界干扰，怎么办

领导者在演说的过程中，常会遇到很多不确定因素。尤其是会被外界干扰，这时如果不会救场，演说就绝对失败了；相反，如果懂得临时救场的技巧，能够巧妙地把听众的视线拉回来，就会让听众察觉到这边风景独好。

一天，有位总裁在大礼堂里给大学生演说，刚登台不久，距离会场不远的篮球场突然传来了阵阵的加油声。学生的注意力顿时就被吸引了过去，有些学生伸长了脖子，有些人则竖起了耳朵，甚至有些学生干脆离开了会场去看篮球赛。演说刚刚进行到一半，会场秩序有些混乱。

总裁看到会场就要失控，灵机一动，临时决定改变后面演说的内容，他大声地问学生们："有哪位同学知道，悉尼奥运会上我们中国夺得了多少块奥运金牌？"

谁都没有想到他会提出这样一个问题，大多数学生的注意力就被重新吸引回来。学生们纷纷回答，有些人甚至举起了手。"对！"会场秩序恢复到原状，总裁用舒缓的声音讲道："我曾经听过一个笑话，讲的就是慈禧太后派团参加奥运会时的事。"

学生的目光都集中到了他的身上。总裁环视了一下会场，不紧不慢地说："慈禧太后也派过篮球队参加奥运比赛，只不过那时组队的队员都是临时从天桥找来的变魔术的。他们穿着长袍马褂，把球变来变去，只见他们投球，却不见他们传球……"

总裁的话音未落，学生就开始大笑。等到会场重新安静下来，他才动情地说道："那时的中国落后啊！要不那时的中国人怎么会被称为'东亚病夫'呢！"话音刚落，学生们就报以热烈的掌声。

无疑，这位总裁确实是个非常优秀的演说者。他非常机智，利用会场外篮球比赛这一特定之"景"生发开去，跟自己所讲的题目有机地结合在一起，巧妙自然，浑然天成，难怪大家会再被他的演说吸引回来！

懂得临时救场的技巧，巧妙地把听众的视线拉回来，既能化解外界的干扰，还能激发出领导者的演说情绪，让听众有好感，得到很好的演说效果。

同时，还要明确，听众注意力最集中的时间往往只有十几分钟。演说的时间稍长，总是会滋生出一大批的"三把锁"（眉头紧锁、双手紧锁和双脚紧锁）听众。这时，外界一旦出现意外，自然就会对他们造成干扰。这时候，领导者只有及时抓住听众的心，才能保证演说顺利进行下去。可以采取以下方法：

1. 幽默一下，唤醒听众的情感。

幽默天生具有说服力，这是演说者的一个不公平优势，因为它可以不夸张地改变现场氛围及每个人的思想。若你不是一个喜剧演员，就不要尝试着讲笑话。在这一时刻，只需自然而然地将自己的幽默感表达出来即可。当然，在你想起某件事情时，也要用幽默来表达。

2. 积极地和听众保持互动。

研究发现，互动的听众比消极的听众更容易被说服。在很多环境下，听众都会突破沉默和保留，受到外界干扰，这时就要鼓励他们主动跟你互动，让听众在演说中也扮演一个角色。

例如，在演说被外界所干扰时，一位总裁告诉大家："当我说……时，你们必须说……，明白了吗？"如此，听众从演说的第一分钟就产生了一种被融入的感觉，更加投入其中。

3. 在适当的时候可以改变语音语调。

演说时，一定不要用同样的语气和同一种声调，这一点非常重要。而演说时语音语调毫无变化也是很多总裁做演说时常出现的问题。解决办法是，练习改变自己的语音语调；同时，在练习的过程中，用手机录下来，之后再回放去发现不足。这种方法虽然简单，但异常有效！

4. 合理使用自己的肢体语言。

在表演时，演员们通常都会在舞台上尽可能地运用夸张的肢体动作，又唱又跳。当然，我并不是建议你在演说时唱歌跳舞，这样似乎与领导者的身份也不符，可是肢体语言的使用绝对非常重要。因此，一定要注意这一点。

5. 给演说增加一些惊喜元素。

很多时候，听众之所以会受到外界因素的干扰，主要是因为你的演说内容无法吸引他们的注意力。如果有更有意思的事情可以吸引他们，他们多半都不会集中到你这里。因此，如果想化解外界的干扰，就可以在演说中适当地增加一些惊喜元素，让听众的心中出现小小的波澜。安排几个意想不到的时刻，让演说或者会议变得迂回曲折，并能给听众带来惊喜，听众自然就会认真听你讲了。

意外卡壳，怎么办

尽管已经做了充足的准备，但是总会不可避免地出现忘词、卡壳、脑袋一片空白等现象。怎么办？其实，每个领导者在演说的时候都可能会遇到这种突发情况，优秀的领导者都能从容地应对，他们会即兴发挥，巧妙救场，缓解眼前的尴尬。

在演说过程中突然忘词，不可避免，但如果可以从容镇定，巧妙过渡，或者用上段结尾中的句子去进行发挥，或者临时编一段结束语礼貌地结束，或者朝着听众提出问题给自己赢得思考的时间，都能巧妙地救场，也许演说还能因此而更精彩。

一位总裁演说大师在谈演说时说道："卡壳在演说中最为常见，优秀的总裁演说家，会积极自我调节，转移听众注意力，从而实现平稳地过渡；而不懂演说技巧的人，就会因此心跳加快，自乱阵脚……"接着，他讲了一个故事：

一次，某机关组织了"公正自在人间"的主题演说，一位演说者讲到"什么是公正？世界上有真正的公正存在吗？"之时，他情绪激昂，语调铿锵有力，却在这时发现大脑突然一片空白。

他有些紧张，但很快稳下神来。他微笑了一下，激昂的语调变得有些低沉，语速也慢了下来："其实对于这点，我也感到困惑和茫然，有时我也不相信这世界是公正的，在登台之前我还自嘲地去想：你真的相信'公正自在人间'吗？所以我很想听听大家的想法。"

这番表白入情、入理、坦诚，出口就吸引了听众的内心，也激活了大家的思维和好奇心，沉闷的会场忽然就有了生气，所有人都开始思考这个并不轻松的话题。

之后，演说者走下演说台，点了几个想要发言的人，让他们说出自己的理解……

这位演说者是聪明的！忘词之后，他并不自乱阵脚，而是积极思考，巧妙地过渡，朝听众提出问题，不仅为自己赢得了时间，又活跃了场上气氛。之后，由听众的回答进一步升华，肯定了听众的功劳，又让其与演说的内容浑然天成，成为演说中的一个亮点和高潮。

忘词，是演说中经常遇到的情况，一定要学会积极调节，保证演说的顺利进行。具体可以从下面两个方面入手：

1. 做好个人的心理调节。

如果想解决“卡壳”现象，首先就要做好个人的心理调节。如果发现自己卡住了、不知道下面该讲什么，一时愣了神或者感到紧张不已，下面的演说就无法进行了。因此，在演说的过程中，作为总裁的你，一定要让自己处于放松的状态。

如果实在控制不住自己内心的恐慌，就可以做一些其他事、说一些其他的话，以转移注意力；当然，还可以使用“精神胜利法”去矮化对手、听众。

2. 积极进行现场调节。

演说现场存在着变量，意想不到的情况随时都可能发生。如果出现了意外“卡壳”，可以使用下面的应急处置技巧：

（1）冷处理。

如果忘了接下来该说什么，不要纠缠于“究竟该说哪句话了”，可以先将其暂时冻结，来个冷处理，巧妙越过，继续往下讲。之后想起来，再顺势补充演说，要将整体印象、整体效果放在首位。

（2）重新组合。

有时候出现“卡壳”，可能是由于局限于定好的演说稿。这时，就要当机立断，摆脱演说稿的束缚，以演说题目、演说中心为依据，充分运用脑子里储存的信息，框架式地讲述主要内容，完成演说。

（3）积极互动。

这种方法比较巧妙。你可以对台下听众说：“现在请大家做一下笔记。”或者“你现在有什么问题吗？”当然，提前准备一些问题也未尝不可，如：“也许现在你会问……”或者“你对此有什么想法？”在讨论中，可能会再次激发你的灵感。

（4）果断省略。

听众关注的是整个演说的内容，如果你的演说内容确实是听众需要的，他们完全不会太在意个别出现差错的地方。因为，如果实在是想不出来，就直接放弃，也不会有损于演说的整体效果。这时，可以找个适当的机会过渡，潇洒地继续演说。纠结在这个地方，只会带来更加严重的错误。

听众提不起兴趣时，怎么办

兴趣，是做任何事情的基础。有了兴趣，才会有动力。对于坐在观众席上的听众来说，亦是如此。有了兴趣，才会有继续听下去的欲望。没有人在毫无兴趣的情况下，还能与演说者积极互动，还能耐心地听下去。

优秀的领导者总会很好地吸引听众的注意力，即便是偶然遭遇到冷场，也会想尽办法，使尽手段，提高听众的兴趣！在日常工作中，需要领导者演说的场合有很多。可是，并不是所有的演说都可以吸引听众的注意力，如果听众不感兴趣，不仅无法将演说的效果发挥出来，反而会有相反的作用。

演说中，有时会碰到你在上面说得绘声绘色，可是听的人却毫无兴趣，注意力分散；或者是毫无反应；或者仅用简单的单音字节加以应付；等等。这些场面出现的根本原因就是，发言者的话没有吸引力，听者仅仅是出于纪律的约束或者处世的礼貌在扮演一个接受者。

听众提不起兴趣，演说自然会失败。为了避免这种现象，在演说中领导者就要掌握以下几种方法：

1. 发言要简短一些，不拖泥带水。

经验表明，单向交流中，应景式讲话，越短越好。在双向交流中，任何一方都不能滔滔不绝地包场，一定要有意识地为对方留下发言的时间和机会。自己一轮讲不完，应该等着对方有所反应后再接着讲。演说内容像裹脚布一样长，只会令听者感到乏味，让讲者更加消极。

2. 穿插趣闻轶事，吸引注意力。

趣闻轶事是人们在生活中津津乐道的闲谈资料，生活中的很多情趣即由此而来，人们一般都喜欢听。如果听众对你的演说不感兴趣，可以通过暂时变换话题的方法，吸引听众的注意力。比如：穿插一些趣闻逸事来活跃现场的气氛。

当年，孙中山先生在广州的广东大学（即今天的中山大学）发表演说，谈论三民主义。因为礼堂太小，听众太多，通风不够，空气不好，很多人都精神较差，脸上呈现出倦色。孙中山先生看到这样的情况，为了提起听众的精神，改善会场中的气氛，巧妙地讲了一个故事：

小时候在香港读书时我听过这样一个故事：一个搬运工人买了一张马票，没地方可藏，便藏在时刻不离手的竹竿里，牢记马票的号码。后来，马票开奖，中头奖的正是他。他欣喜若狂地把竹竿抛到大海里，以为从今以后就不再靠这支竹竿生活了。没想到，领奖时需要凭票到指定银行取款，他这才想起马票放在竹竿里。他拼命跑到海边，但竹竿早就不见了……

听了这个故事，听众议论纷纷，笑声、叹息声四起，会场的气氛活跃起来，听众的精神变得亢奋。孙中山先生抓住时机，紧接着说：“对于我们大家，民族主义这根竹杠，千万不要丢啊！”这样，就自然地回到了原有话题的轨道上。

3. 赞美听众，得到好感。

如果听众发现演说内容和自己没有多大关系，自然就不会给予太多的关注，很容易出现冷场。这时，经验丰富的领导者就会采用恰当的方式，拉近自己跟听众的心理距离。

当然，贴近听众的一个有效方法就是发自内心地赞美听众。任何人都喜欢听到他人的赞美，适时使用中情中理的话语拨动听众的心弦，激起他们的共鸣，就可以让他们重新对你的演说产生兴趣，从而有效打破尴尬的局面。

4. 提出问题，鼓励听众参与。

演说时，用自己的演说词和形象的语言去感染听众，听众如果有积极回应，也有利于演说的顺利进行。所以，在需要时，领导者完全可以向听众提一些富有针对性、启发性的问题，调动起听众参与演说的热情。一旦听众意识到自己也是整个演说中的重要组成部分，兴趣自然也就可以提起来了。

5. 制造悬念，激发兴趣。

好的悬念不仅可以让领导者再次成为听众关注的中心，也能让现场气氛变得活跃，激发听众聆听与参与的兴趣。

普列汉诺夫有一次在日内瓦做关于《无产阶级与农民》的演说，会场乱七八糟的，几乎让演说都没有办法继续了。

普列汉诺夫双手交叉在胸前，目光嘲笑地扫视着会场。在台下逐渐平静了些，他大声说："如果我们也想用这种武器同你们斗争，我们来时就会——（他停顿了一下，大家都觉得他会说，带着炸弹、武器、棍棒，可是他说出来的话却是出人意料），我们来时就会带着冷若冰霜的美女。"

此话一出，整个会场就笑声一片，甚至一些反对者也笑了起来。普列汉诺夫见时机已到，话头一转，又重新回到了演说的正题上。

当然，遇到冷场局面时，如果领导者已经采取了诸如简短发言、变换话题、加强语气等控制手段，但是仍旧不能扭转冷场的局面，就应当即时中止。长时间的冷场对于交流的双方来说都极不适宜，也说明这次演说或谈话的确是多余的！

面对无理挑衅时，怎么办

有的人天生喜欢刁难人，总会有意无意提出一些奇怪的问题。在演说的时候，听众多了，难免会遇到一两个这样的人。面对这些人针锋相对的挑衅，怎么办？一本正经地训斥，无疑是雪上加霜；如果巧妙地运用一些技巧，将计就计，巧妙反击，反而会收到出其不意的效果。

2014年4月10日，美国前国务卿希拉里·克林顿在拉斯维加斯曼德勒海湾度假酒店出席美国废品回收业大会，受邀做主题演说。

当她走上讲台准备演说时，一名满头金发的中年妇女走向台前，在距离讲台不远的地方，将一只鞋子扔到了台上。希拉里果断往后一躲，鞋子落了空。女子掉头准备退出会场，被安保抓住。

工作人员很快就在台上找到了那只落在讲台上的鞋子，希拉里看了看，微微一笑，语气轻松地说："有人向我扔什么东西？这是不是太阳马戏团的一个节目……天哪！难道大家对固体废物回收的争议这么大？感谢老天，幸亏她不喜欢打垒球。"

听众听了，哈哈大笑，掌声四起。

演说者巧妙地让辱人者自辱，这种机智犀利和幽默又怎会不让听众深深地折服！

面对人格上的侮辱人们都会有所反应，如果不能控制好自己的情绪，不能使用得体的反击方法，一定会让自己陷入尴尬境地。而案例中的希拉里却将计就计，使用妙语将扔的鞋子巧妙地"踢"给了对方，又幽默又机智。

上一个例子，是有人故意刁难演说者。实际上，有时听众也会因为不赞同演说者的观点，而对演说者加以反驳，对演说者来说，这简直是一种挑战。因为，这些观点一般都代表了部分听众的看法，具有一定的普遍性。

出现这种情况，可能会让会场秩序混乱，场面失控，可是这也是一种机遇——在这些观点的反驳中，领导者如果可以巧妙应对，不但能够救场，还能迸射出让听众满心欢喜的智慧火花。因此，当有听众表达与你不同的意见和观点时，不能忽视，也不要粗暴地加以否定，而要认真耐心地倾听。

在演说中，很多企业家都遇到过挑衅，马云就是其中一位。马云在演说时，曾好几次被听众挑衅，有人直言不讳地说："你别给我谈什么价值观了，就直接告诉我怎么挣钱吧……"每当这时，马云都是通过自己的高超口才与应变能力，渡过这样尴尬的局面，值得我们借鉴：

1. 使用幽默的方式改变氛围。

马云拿学生喜欢什么样的老师来说事，说："当年我做老师时，非常讨学生喜欢。很多人都不喜欢听老师讲课，我就提前5分钟下课，因而学生都特别喜欢我。"现场立刻就有了掌声。他所说的是真的吗？当然不是。这只是一种调侃！

幽默，是为了让气氛活跃起来。当听众提出一个令人尴尬的问题后，现场气氛就会变得不大对劲，甚至会充满火药味。而马云的幽默，能够让现场轻松起来。只要大家笑了，他的观点就变得更加容易接受了；若是针锋相对地讨伐提问者，就会有大麻烦了。

2. 使用辩证的思维扭转局面。

辩证思维，就是将一个概念或者话题从对立的两面去重新定义和解释；辩证思维，比如构造一个左右逢源的迷宫，你是带头的人，你有本事带着听众走出来，你就是赢家。

马云在演说中使用了很多对立的框架，比如：忽悠与不忽悠，真与假，相信与不相信，当前与未来。有人说，他当年都是用假大空的话语来说服团队跟他合作。可是，他提出一个问题：什么是假大空？他用忽悠和不忽悠做对比，说忽悠，是自己不相信，却让人家相信；但是，真实的是自己相信，人家不相信，可是知道大家慢慢会相信。

3. 使用有利的事实证明观点。

马云所讲的话不是假大空，而是他真正的想法。他说：我们所看到的愿景，是在为了未来在工作，是要为10年后、20年后的淘宝工作；而且，员工并不是傻子，3个月就不会再相信你了，知道你讲的不靠谱，他比你跑得还快。淘宝的成功事实完全不容否定，所以极具说服力。说话不能只靠空洞的道理，要拿实力说话。

4. 巧妙利用各种修辞手法。

在一些场合中演说，领导者也会碰到一些人的故意刁难。反击这种刁难，更需要领导者的机敏睿智，不能长篇大论地反击，也不能一本正经地斥责，要讲究方法和技巧，巧妙回击。

对于一些不便正面回答的问题，马云也会使用一些言语技巧，巧妙地运用修辞来回答。比如：双关、归谬、暗喻等，避实就虚，含蓄委婉。这些方法都可以有力地回击对方，也不至于激化矛盾。而对于一定要针锋相对的问题，就要将计就计，进行更加有力的回击。

演说出现冷场，怎么办

演说，是一个展示自己的舞台，但是如果领导者站在上面滔滔不绝，听众却面无表情，演说就是失败的！

所谓冷场，就是指在演说的过程中，听众对演说者毫无兴趣，对演说内容不关心，反应冷淡，只顾着打瞌睡、看书报等。其实，他们根本就不想听，之所以还要继续听下去，多半是因为纪律的约束、处世的礼貌等。

人们注意力集中的时间只有短短的十几分钟，演说的时间稍微变长，听众就会眉头紧锁、双手紧锁和双脚紧锁。这样的态势语言意味着，演说已经让听众出现了对立和反感情绪。

是什么原因导致演说冷场了？为什么提不起听众的兴趣？为什么没有良好的氛围？要怎样在演说中抓人、抓心呢？为了解决这些问题，优秀的领导者就会使用这样一些方法：

1. 找些听众感兴趣的话题。

听众都有自己喜欢的话题，站在他们的立场，从他们喜欢的话题引入，演说也会轻松很多。当演说遭遇冷场时，为了吸引听众的注意力，有些经验丰富的领导者会暂时变换话题。

比如：穿插一些听众感兴趣的话题活跃现场气氛，吸引听众的注意力。如果听众大多数都是年轻的小姑娘、小伙子，就可以引入关于“爱情”的话题；如果听众大多数都是中年人，就可以引入一些关于孩子的教育问题、老人的赡养等话题。

2. 用问题调节氛围。

问题，永远都是调动演说现场氛围的良好利器。使用好了这一利器，演说中的你就会无往而不胜！当听众高度紧张时或出现了冷场，一定要对听众进行安抚。这时，最好的方法就是向听众直接提问，引导他们来思考、回答，最好不要让听众毛遂自荐。

3. 赞扬听众的回答。

心理学研究表明，在精神需求方面，认可及赞扬都是重要的基础需求，不管是性格外向还是内向，人们在听到赞美的话后，内心都会感到愉快，会有交流的冲动。所以，在向听众讲述专业性很强的内容时，或者听众出现冷场时，就要抛给听众一些问题，让其与你互动起来；或者，赞美一下听众的解答，也可以激发起听众的参与热情。

4. 跟听众做个游戏。

用共同游戏的方式和听众形成模仿式互动，不仅可以激活听众的好奇心，还可以巧妙地提高听众的参与意识，集中听众的注意力，可谓一举三得。

有位演说者朋友，遭遇到冷场后，他于是就说："朋友们，咱们一起来做个游戏，好不好？"听众立刻兴趣陡增。

之后，他再指导听众操作："请将左右手两只手腕的横纹相叠对齐，然后左右手掌重合，再去看看，右手比左手的中指是不是要长一点点？"一边指导听众继续操作，一边做出示范，形成模仿式互动。结果，大家果然发现，右手比左手的中指要长一点，听众的好奇心被激发出来。

演说者又说："刚才这个游戏是一位所谓的大气功师的表演。他先装模作样地向听众发气，然后再指导听众做刚才的游戏。结果人人都发现自己右手指长了一点。气功师说是他发气的结果，大家深信不疑。我当时也被愚弄了——朋友们，我可没有愚弄大家的意思啊！"听众大笑，演说者进入正题："我今天演说的题目是……"

现场出现意外，怎么办

在演说过程中，意外不可避免，总会有一些特别的情况发生，譬如：突然停电、扩音器不响、忽然有人晕倒等，这些意外，处理不好，场面就会失控，影响演说效果。遇到意外情况，演说能力卓越的领导者都会从容面对，随机应变，运用自己的智慧扭转这一不利现象。

有经验的领导者在上场演说之前，就会准备好救场，防患于未然；在演说过程中，一旦真的有意外情况发生，也能够从容面对，巧妙救场。可是，有些意外却是全然无法预料到的，需要领导者使用自己的智慧化不利为有利，巧借“插曲”随机应变，将“错”就“错”，为自己救场解围，达到让人叹为观止的现场效果。

俞敏洪演说时，就曾经遇到过一群“不速之客”。

一次，俞敏洪在学校中做巡回演说，几只小鸟忽然从窗口飞进来，先是叽叽喳喳地飞来绕去，最后竟然落在了主席台的桌子上，听众哄堂大笑……最后，鸟儿虽然飞走了，可是现场却一直无法安静。

看到这样的情景，俞敏洪并没有接着刚才的话题讲下去，仅仅适时地幽默了一下：“这鸟还挺有灵气的啊！知道我们在这儿开演说会，就专程飞来向大会表示祝贺！这说明动物是有灵性的，它们也是有恩报恩、有怨抱怨的。就说大象，多么温顺驯服的动物，可一旦我们有意欺负它们，它们不但不会再帮我们干活，还会向我们有计划地实施报复呢！”

看到大家的目光都看向了自己，俞敏洪才重新回到了原来的演说轨道。

小鸟的突然闯入，打乱了演说的秩序，可是俞敏洪却能随机应变，因势利导，借着这个机会说起了人与动物怎样和谐共处的话题，反而得到了意想不到的效果。这个灵活的应变招法，值得我们借鉴和学习。

演说现场是实现双方交流的地方，经过精心准备的演说内容最终要和受众见面，现场气氛调动、场面控制和突发事件的处理，都是需要认真对待的事项。所以，领导者演说时，一定要从下面几个方面努力，更好地控制现场：

1. 消除自我紧张情绪，要有自信。

走上讲台，面对台下交头接耳的听众或者他们齐刷刷的目光，很多领导者都会感到紧张，这时最好运用自我暗示的力量沉住气，比如：我已精心准备，绝不会有大的问题出现……

为了克服这样的紧张情绪，脸上始终都要保持着微笑；同时，用缓慢的语言开始讲述，越是紧张，语速就越是要放慢，显示出自己讲的话都经过了思考，并不是信口雌黄、信口开河。总而言之，就是要让自己表现得沉稳，有思考、有韵味。

此外，在演说时，一定要自信，这是最为重要的！在现场中遇到一些难以预测的突发情况很正常，经验丰富的领导者都会表现出自信，让全场的人都为你的自信而镇定，如此在冷静地做好现场控制后，就可以继续演说了。

2. 学会变通，不能一成不变。

如果演说内容过激，就一定要改变先前的策略。一成不变地继续说，只会引起听众的不安或骚乱。该慢则慢，该快则快，才能防止意外事情的发生。

3. 不要纵容他人的故意挑衅。

在发表演说时，有些领导者会受到他人的挑衅，故意捣乱。尤其是政敌，这样的现象是非常常见的。一味地纵容这种情况，对手会更加嚣张，因此立刻制止是最好的办法。当然，还可以求助警察去维护现场秩序。

4. 保持冷静，不要慌张。

遇到突发情况，演说者先不知所措，无所适从，自己表现得慌慌张张，听众又怎么会不紧张？因此，一定要镇定、要做到泰山崩于前而面不改色；两眼要有冷静的神情，一旦受到你的感染，听众也会逐渐冷静下来。

马云：创新需要挡得住诱惑

2005年12月8日，“尖峰与新锐对话，激情与智慧碰撞”，2005 CCTV中国经济年度人物评选创新论坛在北京大学中国经济研究中心的万众楼举行，以下是当年中国经济年度人物候选人马云先生的演说，现选取部分供大家参考学习（内容有删减）：

能够再次到北大与很多同学和朋友进行交流，我很激动；今年被提名中国经济年度人物，我又感到很荣幸。但是，机会是大家创造的，也是大家共享的。互联网能够再度荣获经济人物提名，说明互联网再度影响中国经济。

1995年我离开大学，教了6年半书，之后创建第一家互联网公司。当时中国还没有真正连上互联网，注册名字也比较难。我注册的名字想叫“杭州Internet网络有限公司”，结果注册时字典上没有“Internet”，后来就注册了“杭州电脑网络公司”（音）。再后来，我们创办了所谓的B2B阿里巴巴。

所谓创新，很多人都认为是技术人员的事情，想到的都是技术的创新。其实，模式、市场发展、管理、资本运作等方面的创新也可以做得更好。我不懂技术，就给自己编了很多理由，我们可以在各行各业进行创新。

做阿里巴巴时，我最早的想法、创新的主意哪里来？在长城上，我们做了两件事儿：第一件就是，我们发誓，这辈子一定要做一家中国人创办的全世界最好的公司，把钱、把名都搁在一边，只专注做这一件事儿；第二件，决定从BBS入手，阿里巴巴最早从BBS做起。BBS的原理必须创新，我跟技术人员讲，BBS的每条帖子都要检测、分类。当时，我们并不知道自己叫B2B，只是说要帮助中小企业成功。

这个想法来自哪里？应邀到新加坡参加亚洲电子商务大会时，我发现90%的演说者都是美国的嘉宾，90%的听众都是西方人，所有的案子、例子用的都是eBay、雅虎等。我认为，亚洲是亚洲、中国是中国、美国是美国，美国人NBA篮球打得很好，中国人就应该打乒乓球。回国的路上，我便暗下决心，中国一定要有自己的商务模式，为中小企业提供帮助。

1999年构思阿里巴巴时我们考虑的是中国经济：第一，中国加入WTO只是时间问题，中国企业可以到国外做生意，我们则可以通过互联网帮中国企业出口，帮国外企业进入中国；第二，我们认为推动中国经济高速发展是中小企业和民营经济，我们要帮助的永远是那些需要帮助和能够帮助的企业。使用电子商务是中小型企业的趋势，而不是为了炫耀。所以，帮助那些真正需要帮助的人，帮助那些需要帮助的企业，是我们最早的构思。

做创新需要扛得住压力，挡得住诱惑。从最早的“疯子”到今天的“狂人”，我们都不在乎别人怎么看待我们，我们在乎怎么看待这个世界，如何按照我们的既定梦想一步一步往前走，这是做企业一定要走的路。

电子商务在中国一定会出现超越美国电子商务的模式，这是我个人的判断。为什么C2C领域一定会有巨大的发展？中国13亿人口，通过这几年的努力经济已经高速发展，3亿人上网只需要几年；而美国要3亿人上网，生孩子就要生好几年。

现在外面传言很多，有人说阿里巴巴收购雅虎是一种炒作，我们并不认为是这样。事实上，收购雅虎是我们自己提出的整个模式。收购雅虎，雅虎在我们的总部占40%的股份、35%的投票权，这个想法是我们自己独创，华尔街没有这样的模式，全世界也没听说过可以这样收购。

为什么要这样做？第一，电子商务在中国的发展必须依靠搜索引擎等工具，在考察了大批搜索引擎后我们发现，只有雅虎犯过错误又是很聪明，所以跟雅虎谈。第二，必须给雅虎面子。我们想了一个办法：我们收购你，你在阿里巴巴总部有些股份，但这个股份不能控股阿里巴巴，不能操纵阿里巴巴……

我们坚信，中国市场就是跨国市场，在中国一定能诞生世界级公司，一定能诞生世界级的企业家。所以，阿里巴巴不仅要帮助中小企业成功，也要帮助青年人学习使命感、价值观。我还是一名老师，作为老师，我们的责任就是学习世界上最先进的经验，跟世界高手较量，之后把这些思想、经验告诉年轻人。

办这家公司，一种强烈的感觉告诉我：你可以用各种创新手法，但不能用各种流氓手法做事情。否则有一天学生会问你，马云你当年打天下是用了流氓招数？我今天想提醒自己也是提醒创业人，也是提醒各位学生。

谢谢大家！

第五节 结尾方式早知道

巧妙结尾，才能使演说获得成功

美国作家约翰沃尔夫认为：“演说最好在听众兴趣未尽时戛然而止！”与人谈话，很多人都希望自己给他人留下深刻印象，从而让对方时常忆起。如何才能做到这一点呢？其中一种方法就是，巧妙结尾。

拿破仑说过：“兵家成败决定于最后5分钟！”我们同样可以说，领导者的演说成败在相当程度上也取决于演说结尾。如果演说开头及高潮都很精彩，再加上一个出人意料、耐人寻味的好结尾，就如同锦上添花，会给听众带来精神上的愉快和满足。因此，如果想让自己的演说更加完美，在进行演说时一定要巧妙结尾。

“编筐编篓，重在收口；描龙画凤，难在点睛！”演说结尾，就是演说的“收口”“点睛”，最后的五分钟决定着最终的成败。为了强化听众的影响，最好在演说达到高潮时果断停止。

一次，卡耐基拜访工业家詹森。当时，詹森是詹森公司的总裁，是个地地道道的演说家，能随时让听众笑、让听众哭，很多人都对他的演说念念不忘。

卡耐基对他很感兴趣，没想到詹森一看到他便说：“你来得正好，我正想将一件差事交给你去做呢！快来听听我的演说，我已经草草记下了今晚对工人讲话的结尾。”

卡耐基说：“把脑子里的讲演词从头至尾整出头绪来，确实可以让人大舒一口气。”

“噢，它们还没在我的脑海中完全成形，”詹森说，“只是笼统的概念，我想用来做结论！”

詹森不是职业演说家，从来都不会使用铿锵的言语或精致的词句。不过，他却从经验中学到了成功演说的一个秘诀。那就是，要想讲得好，必须有个好结尾；如果想让听众印象鲜明，必须使演说内容合理地推进，做出归纳，得出结论。

确实如此！在演说中，结尾是最具战略性的一点。退席后，如果领导者最后说的几句话还能在听众耳边回响，这些话就会被听众长久地记忆。“余音绕梁”的意义也在于此！

结束时说：“对于这件事，我大概只能说这么多了。感谢各位！我想，我该结束了。”这无异于给听众施放一阵烟雾，一句“感谢各位”并不能遮掩自己没有给出令人满意的结尾的无能。该讲的话都讲完了，完全可以结束演说，而不是说些“我说完了”之类的废话。

在演说中，要想给听众留下深刻的记忆，结尾必须像开场一样气势磅礴、掷地有声。当然，要想做到这一点，就必须知道一些结尾的错误做法：

1. 不要虎头蛇尾。

在演说过程中，抓不住中心主题，东拉西扯；进入结尾时，对主题一语带过，不做总结，匆忙结束演说等，这些方式都会让听众听完后感到一片迷茫，不知道演说主题究竟是什么。这样的演说结尾必须避免。

2. 不要出现负面内容。

在演说过程中，看到部分听众不尊重自己，交头接耳、玩手机、看报纸……，有些领导者就会在结尾故意含沙射影地讽刺几句，将自己心中的不满情绪发泄出来。这种做法是不可取的！这不仅会增加听众的反感，还会显得自己缺乏道德修养。

3. 不要任意延时。

演说结尾要短小精练、简洁明快，更要具有感染力，要将听众的情绪带动起来。千万不要啰里啰唆、胡吹乱侃。不管有无实质内容，张嘴就说几十分钟甚至几个小时，认为演说时间越长就越能体现自己的水平，这种认识是错误的。要知道，大部分人都对长话、空话和大话比较反感，因此一定要把握好演说时间，不要任意延长。

4. 不要拖泥带水。

演说结尾部分可以出乎意料，让听众自己思考，但不能平淡结束或者画蛇添足。该结束时就结束，可有可无的套话就不要再说了。

5. 不要感谢个没完。

在演说结尾，可以对听众和主办方等进行感谢，但感谢词要简洁，没完没了的感谢会令听众心生厌烦情绪。

6. 不要跟主题脱节。

不管使用何种结尾方式，比如：故事、诗歌、对联、合唱，都要与主题相关，或呼应主题，或升华主题，或唤起行动。像如果主题是寻找幸福，就可以选择歌曲《幸福在哪里》；使用故事结尾，就可以讲一个关于幸福的小故事。结尾和整个演说主题脱节是异常忌讳的！

总结式演说结尾

“好的演说就像是一出好戏、一部好电影、一首好歌，开始时能吸引听众的注意力，中间一步步地展开，最后配备一个强有力的结尾。对于成功的演说来说，一个漂亮的结尾相当重要。”

美国演说家乔治·柯赫说：“当你说再见时，你必须使听众微笑。”在一场演说中，精巧的结尾如绕梁之余音袅袅不绝，会使听众余兴未阑、回味无穷。但是如何炮制精巧的结尾却并不容易，一般来说，人们最常用的结尾方式就是总结式。

所谓总结式结尾，就是在演说结束时，用极其精练的语言，对演说内容进行概括性总结，使听众对整个演说有清晰明确的印象，让听众听得真切而明白。邓小平在《军队要整顿》的演说，就是采用的这种结尾方式：

今天就同大家见个面，军队究竟怎么搞，这个问题以后还要议。但是我想，刚才说的军队要整顿，要安定团结，要落实政策，原则是不会错的。

为了做到这些，我们要增强党性，消除派性，加强纪律性，提高工作效率。希望总参谋部所有的干部，用这种精神团结起来，把工作做好。

以总结归纳的方式结尾，语言精练，对演说内容和思想观点做一个高度概括性的总结，可以起到突出中心、强化主题、首尾呼应、画龙点睛的作用。因此，很多领导在开会或者演说的时候，常会使用这样的结尾，这里就有一段：

我们是从哥白尼日心说中认识太阳的，我们是从历史的迁徙中认识中国共产党的。80年过去了，80年斗转星移，日月变迁。太阳的辐射仍旧依托马列主义的热核放出巨大的能量，凝聚起在它照耀下的民族和人民。

月亮离不开地球，地球离不开太阳，人民离不开党。祖国的未来，中华的腾飞，需要中国共产党的领导。党，就是永照华夏的太阳，也是我们心中的太阳。

这个结尾高屋建瓴、总揽全篇，巧妙地将自然界的太阳跟华夏儿女心中的太阳作对比，总结归纳出了“地球离不开太阳，人民离不开党”的结论，字里行间流露出对太阳的希望与向往，充分表达了对中国共产党的歌颂与赞扬。

演说中，为了阐述自己的观点和主张，领导者通常都会使用各种手段，从正面、反面和侧面等进行分析和论证。结尾处，总结全篇、突出重点、深化主题，不仅能帮助健忘的听众回忆起前面所讲的内容，还能起到画龙点睛的作用，给听众留下完整而深刻的印象，使整个演说显得结构严谨、首尾呼应、浑然一体。

在莎士比亚的《恺撒大帝》一剧里，伯鲁特斯对市民的演说就用了总结全篇的方法：

临了，我要告诉诸君一声：为了罗马帝国，我不得不刺杀我的好友恺撒，刺死恺撒的便是我，便是这把短剑。假使他日我的行动跟恺撒一般，请诸君就用这把短剑来刺我吧！要是大家的行为，也有跟恺撒一样的，这把短剑终是不肯饶过你。请诸君认清这把短剑，请诸君认清卖国贼，认清爱国好汉。

任何演说都可以遵循一个简单的公式：先告诉听众将要讲什么；讲完后，再告诉他们讲过了什么。临近结尾时，可以说：“请允许我简单地重复一下所讲的重点……”然后，把重点逐一列举出来，重复一遍，让听众明白这些要点之间的联系。只要听众将听过的要点穿穿线，就会知道你快要收尾了。

号召式演说结尾

结尾是将演说推向高潮的最后一步。在演说结尾，运用感情激昂、富于号召力、鼓动性的话语，能够进一步点燃听众的热情，激励他们奋起行动。

号召式结尾是最有力的结尾方式，主要用来提希望或发号召。通常，演说者都会用慷慨激昂、扣人心弦的语言，对听众的理智和情感进行呼唤，或提出希望，或发出号召，或展示未来，激起听众感情的波涛，使听众产生一种蓬勃向上的力量。马丁·路德·金的演说《我有一个梦》的结尾是这样的：

朋友们，今天我要告诉你们，尽管我们依然面临着很多困难，我仍然有一个梦想，这个梦想深深扎根于美国之梦。我梦想有朝一日，这个国家会重新崛起，并按心跳的真正含蕴去生活——毫无疑问，人生来是平等的，我们坚信这些真理。

我梦想有一天，乔治亚州的红土地上，奴隶的子孙和奴隶主的子孙会视如手足。

我梦想有一天，甚至在密西西比州——燃烧起不公正的烈火，燃烧着压迫的烈火——也会变为自由、公正的绿洲。

我梦想有一天，我的四个孩子将在一个不以他们的肤色，而是以品格优劣来评价他们的国度里生活。

我梦想有一天，亚拉巴马州能够有所转变，尽管该州州长现在仍然满口异议，反对联邦法令。但有朝一日，那里的黑人孩子会跟白人的孩子情同骨肉，携手并进……

在演说结尾，马丁·路德·金高瞻远瞩，立足现实、展望未来，用富有感染性的语言向听众描绘了一幅美好的未来前景，发出了强有力的号召，定然可以增强听众实现美好理想的信心和决心，加强演说效果。

作为伟大的政治家、理论家和革命家，毛泽东高瞻远瞩，穿透历史和现实风云，对中国革命和建设的前进方向做出了科学的分析与预测。在演说中，他经常会用充满激情、富有鼓动性的话语，来阐述自己的观点与判断；演说结尾时，更是“潮挟群山万马来”，句子铿锵有力、气势磅礴，淋漓酣畅地表达出对胜利的坚定信心。那独具魅力的号召性、鼓动性的话语，总会产生“大海扬波作和声”的强烈效果。

1949年9月21日，毛泽东在全国政协会议第一届全体会议上致开幕词——《中国人民站起来了》。在中国共产党领导下，经过3年波澜壮阔的人民解放战争，终于打倒了国民党反动政府，推翻了帝国主义在中国的黑暗统治，迎来了新中国的诞生。毛泽东对新中国的美好前景进行了热情描绘和深情展望，说：“占人类总数1/4的中国人民从此站起来了。”

演说结尾，他以一个胜利者的口吻，发出了时代的最强音：“让那些内外反动派在我们面前发抖吧，让他们去说我们这也不行那也不行吧，中国人民不屈不挠的努力必将稳步地达到自己的目的。”

好的结尾能揭示题旨，加深认识，给听众留下完整深刻的印象；能收拢全篇，使通篇浑然一体；能鼓动激情，促人深思，令人觉醒，能让听众在反复回味中受到教育和启发。所以，如果想收获好的演说效果，领导者就要多采用号召的方式。

在演说的最后阶段，提希望、发号召、表决心、立誓言，都是为了激起听众感情的波澜，给人以心志的激励。毛泽东向世界宣告了站起来的中国人民藐视敌人、藐视困难、自强不息、百折不挠，建设自己伟大国家的雄心壮志。这气势如虹的话语，不但当年给了亿万人民以巨大的鼓舞，至今依然让无数人感到无穷的力量。

决心式演说结尾

“在演说结尾，采用表决心、发誓言等方式，感情饱满，态度鲜明，激情奔放，有助于坚定听众的信念，增加演说的感召力。”

这里有段《无愧于伟大的时代》的演说结尾：

同学们，让我们高举五四的火炬，弘扬民主与科学的精神，把爱国之情、报国之志化为效国之行，用我们的热血和汗水、青春和智慧，甚至是生命，向我们的先辈和后代、向我们的祖国和民族呐喊：我们将无愧于伟大的时代，无愧为中华儿女，我们将无愧为跨世纪的中国人！谢谢！

这种结尾言简意赅，语言真切，充分表达了演说者鲜明的立场和坚定的决心，有力地鼓舞着广大听众朝着这一目标奋进。

一般来说，在演说的结尾，可以通过以下几种方式来表示自己的决心，赢得听众的好感和支持：

1. 直接说出自己的理想抱负。

这是演说常用的一种结尾方法，主要是指演说者表明自己上任后的抱负和决心。例如，天财商龙新总裁在就职时，曾有如下这样一段演说。

任职执行总裁，对我而言是个新的挑战。我想，我会在以下几个方面去努力——

做事：在执行总裁的新岗位上，我会尽快熟悉和掌握我的职责，争取以最快的时间进入角色，尽心尽力地做好本职工作，认真履行职责，科学、完善地对公司各方面进行管理，努力将公司打造成管理科学、业务高效的系统，打造成一个具备强有力竞争性的企业。管理、人力资源、市场、产品、财务将是公司日后工作的五大主题。

做人：快乐来源于成就感。做事业需要激情和动力，我觉得累一点没关系，希望大家一起努力，一起营造一个让自己快乐的工作环境，并乐在其中，让每个同事在工作中积极并快乐起来。我将尽力为员工提供一个快乐工作的环境，一个成功发展的平台。

我将努力做好一个“服务者”。我会尽力帮助每位同事，并认为每位同事在自己的岗位上都是“最好的、最胜任的”。

2. 发出号召表真心。

在结尾时，可以直接向听众提出希望，发出号召。但这种“号召”大大不同于一般演说的号召，而是以竞聘成功为直接目的，说白了，也就是号召听众投自己的票。

例如，在某企业竞聘副经理演说时，一位演说者演说结束时直截了当地向听众说：“同志们、朋友们，请大家助我一‘笔’之力，投我一票，因为选我就等于选了你自己！”

这一号召很管用，言语不多，却亲切感人，如同一根魔棒触动了听众的心灵，使大家的心和他紧紧拴在了一起，取得了很好的效果。

3. 直接借鉴他人的结尾。

当然，除了上面介绍的两种方式，还可以借用他人的结尾作为自己的结尾。这种结尾方式，主要包括两种情况：一是顺手牵羊用别人结尾中的原话来表自己的志向；二是简单汇总他人的意思，将其变成自己的。

在竞聘厂长的演说会上，一位演说者这样结束：“刚才，××同志说的完全代表了我的心，那就是：无论能不能获得这个职位，我都要发奋图强，为咱厂迅速创造新的辉煌贡献自己的力量！”

在这里，演说者巧妙借他人之言表达自己的决心，看似重复却又新鲜，不仅没有偷窃之嫌，还能让人在重复中加深印象，并看得出演说者不凡的智慧。

抒情式演说结尾

演说结尾的类型和方法多种多样、不拘一格，演说者可根据演说的具体时间、地点、主题、听众及自己的个性等因素，选择适合自己的结束方法。在现实中，很多领导者都会使用抒情式结尾。

抒情式结尾也称为激情式结尾，在结尾处，饱含演说者的巨大激情，可以将听众的情绪推到巅峰，使听众感到兴奋、激动，甚至想马上离开会场去行动。如马丁·路德·金在《林肯纪念堂前的演说》的结尾：

这就是我们的希望，这就是我返回南方时所怀的信念。怀着这个信念，我们就能从绝望的群山中劈出希望的宝石；怀着这个信念，我们就能将我们祖国的嘈杂喧嚣变为一曲优美和谐的兄弟交响乐；怀着这个信念，我们就能共同工作、共同祈祷、共同斗争，甚至哪怕共同入狱。既然知道有朝一日我们终将获得自由，我们就能为争取自由共同坚持下去……

这段结尾连用了三个排比句，使演说者的情感如同潮水一般汹涌澎湃撼动了听众的心，听众定然会满怀信心和激情地走出会场，投身到争取自由的斗争中去。演说者在叙述典型事例和生动事例后将自己的情感直接宣泄出来，可给人启迪，增加感染力。这就是抒情式结尾的魅力！

演说是一个充满激情的事业，需要激发人、鼓舞人、感染人、影响人，进而团结带动众人朝着一个共同的目标去努力奋斗。领导者演说时缺少了激情，怎么来传递能量？如何让人感动、鼓舞人心？

不管是激发人生潜能的成功学大师安东尼·罗宾、陈安之等人的精彩演说，还是各国政要的竞选演说，其演说的成功都离不开激情因素。演说中赋予激情，采用抒情式结尾，不仅能够使演说的气氛更加热烈，还能够让气感更加强烈，使力量更加强大，使效果更加显著。否则，就会显得苍白无力，就会减少吸引力。比如《奉献之歌》的结尾效果就非常好：

啊！奉献，这支朴实的歌，这支壮烈的歌，这支深远的歌，这支永远属于祖国母亲的歌，让我们每个中华儿女都来唱这支歌吧！

演说是一种思想和激情的燃烧，用饱含情感的语言结尾，最易激起听众心中感情的浪花，给听众以极大的鼓舞和力量。抒情式的演说结尾不仅能给人带来很大的鼓舞和震撼，能够让领导者得到酣畅淋漓的宣泄，还能让听众感受到极大的感召力！

在内心深处，每个人都是富有激情的，只不过在现实生活中，很少有机会表现出来罢了。人们都不愿将自己的感情当众流露出来，经常会通过交流或参与某种活动，在一个大家非常投入的氛围中将自己的激情激发出来，满足这种感情流露的需要。

其实，在演说时，演说者的真情实感在一进场时就会从内心流露出来，这是一种自然的流露，有着感染他人的力量。只要将自身的情绪充分调动起来，用自己的情感去感染他人、感动他人，听众的注意力就会集中在你这里，如此，你也就掌握了开启听众心灵之门的钥匙。

祝贺式演说结尾

在演说的结尾发出祝贺，更容易拨动听众的心弦，使之产生和谐的共鸣。祝贺式结尾，完全可以营造出一种欢乐愉快、热情洋溢的气氛，激励听众满怀信心地创造未来！

能在演说结束时赢得掌声，不仅需要掌握一定的演说技巧，还能给领导者和听众留下愉快美好的回忆，也是演说圆满结束的标志。那么，怎样才能达到这种效果呢？可以采用祝贺式结尾。比如，王健林《在迎新茶话会上的演说》的结尾采用的就是这种方式：

最后，在春节即将到来之际，我借此机会向公司的全体员工拜个早年。

祝大家春节快乐、家庭幸福、事业成功！

祝家中的老人，春节愉快、身体健康、寿比南山！

祝家中的小朋友，健健康康、快乐成长！

谢谢大家！

诚挚的祝贺本身就充满了情感的力量，最容易拨响听众的感情之弦，引起听众的共鸣。用祝贺或赞颂的言辞结尾，可以营造一种欢乐愉快、热情洋溢的气氛，使人在愉快中增加自豪感和荣誉感，激励人们满怀信心去创造美好的未来。

通常，人们都喜欢听赞颂的话，因此相互之间的赞颂也就成了人们交往的最好手段。对听众多说一些赞美之言，可以让会场活跃的气氛达到一个新高潮；一旦讲者和听者的关系变得更融洽了，讲者的思想便给听者留下了一个满意的印象。

有人说，成功的演说并不是缓缓而流的溪水，而是纵横捭阖的海潮，一个高峰接着一个高峰，当演说结束时，便达到了顶峰。这种说法并不夸张！在准备演说结束用语时，完全可以采用祝贺的方式，构筑一个顶峰的状态。但是，使用这种方法的时候，也一定要注意以下几个问题，如此才能为你的演说画上圆满的句号。

1. 可以直接祝贺。

在演说的结尾，可以直接进行祝贺。如："我今天非常高兴能来这里和大家做分享。我去很多地方做过演说，但是从来没有一个地方的朋友能够像你们给我这么积极热烈的回应，所以我认为你们是我遇到的最热情、最积极的一群伙伴。最后，我在此祝愿大家事业有成、开开心心！"

2. 引用别人的祝贺。

祝贺，也可以借花献佛，以悬疑开场，抓住注意力。在演说结束的时候，我们完全可以借用他人的一些祝词来表达祝贺之情。

3. 一定要心怀真诚。

演说也是一种沟通，祝贺式结尾就是沟通的心灵杠杆，是温暖人心、表达真诚与友爱的方式，也是拉近人际关系、调动人的精神力量的一种手段。但是发表祝贺，唯有心怀真诚，才最能打动人心；虚假地祝贺，只会让听众觉得你虚伪，有哗众取宠之嫌。

4. 祝贺要因人而异。

演说结尾，祝贺听众时，一定要因人而异。一般来说，如果听众是老年人，可以祝福他们身体健康；如果听众是孩子，则应该祝他们健康成长、学习进步；如果听众是商务人士，则应该祝福他们事业蒸蒸日上；等等。

幽默式演说结尾

有位外国作家说：“演说最好在听众兴趣达到高潮时果断收束，未尽时戛然而止。”演说处于高潮时，听众大脑皮层高度兴奋，注意力和情绪都会达到最佳状态，这时结束演说，就能收到“余音绕梁，三日不绝”的效果。幽默式结尾，会让演说在趣味的高潮中回味无穷。

演说结尾的形式多种多样，幽默式为其中之一。毛泽东是我们党的领袖，可他从不端架子，从不会板着面孔说官话和套话，演说时总是真诚投入、直抒胸臆、天马行空、妙语横生。有时，他就采用幽默的方式来结束演说。这绝不是他刻意为之，而是豪迈潇洒性情的自然流露。

1938年8月22日，毛泽东在延安中央党校发表《当学生、当先生、当战争领导者》的演说。在毛泽东看来，要当好一个战争领导者，首先要善于当学生。所以，他的演说就从当学生说起，接着是当先生，然后才是当战争领导者。

毛泽东以循循善诱的方式，深入浅出，娓娓道来。演说结尾，他风趣地说：

问题越讲越大，要当学生、当先生、当战争领导者，再有没有？没有了。如果再要有， 还是没有了。我还要到党校来，将来有机会可再讲。“欲知后事如何，且听下回分解”。

真是平地起波澜！可以预想，聚精会神的学员突然听到毛泽东借用“欲知后事如何，且听下回分解”的俗话，幽默地结束演说，会有怎样的惊奇和兴奋?

一次，演说即将结束时，毛泽东掏出一盒香烟，用手指往里面慢慢地摸，但半天也没有拿出一支烟。工作人员看到后，以为毛泽东没有烟了，便立即起身去取。这时，毛泽东一边继续演说，一边继续摸着烟盒。过了一会儿，他笑着从烟盒里拿出一支烟，举起来对大家说：“最后一支……”

毛泽东拿出的是最后一支烟，演说的又是最后一个问题，幽默的动作和幽默的语言巧妙结合。别具一格的幽默式演说结尾，引发了听众热烈的掌声和欢快的笑声，留给人们的还有言虽尽、而意无穷的回味。

用幽默、风趣的语言结尾，除了某些较为庄重的演说场合不能使用外，一般都可以为演说添加欢声笑语，使演说更富有趣味，令人在笑声中深思，并给听者留下一个愉快的印象。那么，如何采用这种方式呢?

1. 借用幽默之言来造势。

我国著名作家老舍先生好幽默。在某市的一次演说中，他在一开始就说：“我今天要跟大家谈六个问题。”接着，便“第一……第二……第三……第四……第五……”井井有条地谈了下去。

谈完第五个问题，他发现很快就要散会了，于是提高嗓门，一本正经地说：“第六，散会！”听众愣在原地，但很快就明白过来，欢快地鼓起掌来。

老舍在这里运用的就是一种平地起波澜的造势艺术。这种方法打破了正常的演说内容，完全出乎听众的意料，收到了幽默的效果。

2. 借助幽默的动作来结束。

演说结尾处，可以借助幽默的动作来结束演说。美国诗人、文艺评论家詹姆斯·罗威尔1883年担任驻英大使时，在伦敦举行的一次晚宴上发表了一篇名为《餐后演说》的即席演说。最后他说：

我在很小的时候听人讲过这样一个故事：一个卫理公会的美国牧师，在一个野营布道会上布道，讲了约书亚的故事。他是这样开头的：信徒们，太阳的运行方式有三种：第一种是向前或者说是径直的运动；第二种是后退或者说是向后的运动；第三种即在我们的经文中提到的静止不动。先生们，不知你们是否明白这个故事的寓意，希望你们明白了。晚餐后，演说者先按照径直的方向走（起身离座，做示范）即太阳向前的运动；然后，他又返回，开始重复自己，即太阳向后的运动；最后，凭着良好的方向感，他将自己带到终点。这就是我们刚才说过的太阳静止的运动。

这种紧扣话题的传神动作表演，异彩纷呈、天衣无缝，怎能不赢得现场听众的热烈掌声和欢笑声?

演说的幽默式结尾方法不胜枚举，关键是领导者要具有幽默感，并能恰如其分地把握演说气氛和听众心态，才能使演说结束语收到意犹未尽的轰动效应。但是，有些地方也是需要注意的，比如：利用幽默式结尾时，一定要自然、真实，否则只会引起听众的反感；同时，幽默的动作或语言要符合演说内容和自己的个性，绝不能哗众取宠、装腔作势。

总 裁 演 说 实 录

马化腾：解读“互联网+”

2015年4月29日，腾讯在北京钓鱼台国宾馆举办“势在必行——2015‘互联网+中国’峰会”，与500位政府官员、各地领导一起，共同就“互联网+”主题展开深入探讨。腾讯CEO马化腾发表了自己的演说，现截取片段供读者学习：

1. 互联网不是对传统产业的替代和颠覆。

2013年我们在上海举行了“众安保险”成立活动，当时有一场访谈，让我们第一次认识到了互联网是一个跨界的概念，我们就分享了一些思路。

在跟我们这个行业和传统行业的朋友沟通时，他们认为互联网是虚拟经济，虽然后来互联网的发展越来越迅猛，但是大家都把它定义为是一个颠覆、冲突和替代事物。

我的想法略有不同。我认为，互联网就是一个工具，所有行业都可以用。当时我打了个比方，类似于两次工业革命，像蒸汽机和电力一样，我们把它定义为第三次工业革命的一部分。很多传统行业的朋友在眼中都放出了光芒，他们也理解了这个概念。

2. 互联网是新的“信息能源”，政府面临监管问题。

互联网和传统行业不断融合，是不是也是一种能源形态？把它定义为一种信息能源，所有的行业就可以把“互联网+”这个新的行业融入自己的行业中；不这么做，你所处的产业和行业就会落伍和被淘汰。

之前我经常举的几个例子是：大概在两年半前，微信和运营商出现了风波，外界说微信取代了短信，占据了运营商的通道，对于运营商是一个替代和颠覆。当时的我们感到压力很大，以至于我在北京过安检时被人认出来，还被问“你们的微信要收费吗？”我倍感压力，这是新的移动互联网通信对传统通信的首次重大冲击。

一年半前，互联网金融又一次引发了大家的讨论和关注。当时，在跟阿里共同推进互联网金融过程中引发了监管部门的关注，结果网络信用卡被叫停。由此可以看到，互联网发展到一定程度，和传统行业的整合遇到了很多问题，但是这些问题都是健康的，需要大家探讨和理解。

最近这一年，滴滴和快的的竞争在互联网交通领域引发了全社会讨论，也成了“两会”的一个热点话题。支持互联网交通是好事，但问题是，政府监管没有出台相应的政策把这种新业态和传统行业的出租车、传统的黑车划分出来。

3. 未来会有更多“互联网+”和传统行业的结合。

更多的领域都可以跟互联网整合，它的根源在哪里？最近三年移动互联网高速发展，中国有6.5亿网民，是全世界网民最多的国家，其中有5.6亿是通过手机上网的，中国的手机用户是全球第一。有了这样的基础，才有可能让5.6亿人24小时不间断地跟周边的传统行业保持实时连接。

4. 腾讯只做两件事：连接器和内容产业。

在这个大浪潮来临之前，我们站在第一线。三年前我们内部进行了一个组织变革，做了有史以来最大的组织架构调整，以此来适应移动互联网及互联网跟传统行业的结合。我们对众多过去的业务进行了重新梳理，改变了原来什么都做的业务战略，把搜索卖掉、把电子商务卖掉，将很多O2O和小业务纷纷砍掉。同时，大量投资腾讯生态周边的伙伴。

现在，我们的定位很清晰、很简单，只做两件事情：第一就做连接器，通过微信、QQ通信平台，成为连接人和人、人和服务、人和设备的连接器，不介入商业逻辑，只做最好的连接器。第二是只做内容产业，内容产业也是一个开放的平台。

这样的定位有什么好处？未来的“互联网+”模式是去中心化、场景化的，跟地理位置有关的各人需求都能实现，可以最大限度地让各传统行业与在自身垂直领域做出成绩的伙伴进行整合，增强生态力量！

5. 与各方共同推进“互联网+”。

腾讯“互联网+”的解决方案，是一种立足长远、去中心化的智能解决方案。我们现在正在积极推动跟各大城市做“互联网+”的合作，希望跟各地政府合作进行“互联网+”的发展，甚至还希望跟各地方经信委合作把“互联网+指数”概念提出来，把十几项还是二十几项列出来，将各省市区的分数进行对比，客观评价出城市产业在“互联网+”中的进展和结合程度。

最后，我想表达的就是，“互联网+”这个领域非常大。而且，国家现在又提出一个新的重创空间，大的创新创业的概念。腾讯在4年前用了3年时间才提出开放平台，昨天我们在移动互联网大会上宣布了腾讯开放战略转型，升级为重创空间……今天我们也想向在座的所在城市提出申请，希望你们提供更多的资源，和我们一起把“互联网+”这个创新创业平台建好。

总之，“互联网+”这个世界非常大，让我们一起出去看看。谢谢大家！

推荐阅读

实战派培训师手把手教会你当众演讲！

书名：演讲是个技术活：15招搞定当众演讲
作者：陈权 著
书号：ISBN 978-7-5454-4446-9
定价：38元
出版日期：2016年4月
出版社：广东经济出版社

一本书把合伙制那些事儿说清楚！

书名：合伙制：重新定义企业的组织形式
作者：解银坤 著
书号：ISBN 978-7-5454-5402-4
定价：45元
出版日期：2017年6月
出版社：广东经济出版社

一本书把股权激励那些事儿说清楚！

书名：股权激励：
融资、融人、融智的零成本秘诀
作者：陈丰 著
书号：ISBN 978-7-5454-5403-1
定价：45元
出版日期：2017年6月
出版社：广东经济出版社

比小说更精彩、比教材更易学的创业合伙读本！

书名：这才叫创业合伙人：
从携程、如家到汉庭的启示
作者：高慕 著
书号：ISBN 978-7-5454-4761-3
定价：45元
出版日期：2016年10月
出版社：广东经济出版社

让80、90后自动自发工作的秘密！

书名：咨询式管理：突破80、90后管理困境
作者：张瑞阳 著
书号：ISBN 978-7-5454-4592-3
定价：42元
出版日期：2016年6月
出版社：广东经济出版社

职场人士自我精进的必修课！

书名：职人精神：工匠型员工进阶的八项修炼
作者：赵斌 著
书号：ISBN 978-7-5454-5283-9
定价：36元
出版日期：2017年3月
出版社：广东经济出版社

解读马云叱咤商界的11个人生哲学！

书名：马云：我的11个生存哲学
作者：申草泥 著
书号：ISBN 978-7-5454-4936-5
定价：45元
出版日期：2017年1月
出版社：广东经济出版社

解读闻名全球的风味美食老干妈的成长内幕！

书名：老干妈的香辣传奇
作者：周锡冰 著
书号：ISBN 978-7-5454-4447-6
定价：38元
出版日期：2016年4月
出版社：广东经济出版社